Apresentação

O ano de 2026 chega com um Almanaque Wicca renovado e ainda mais completo e inspirado. Nossa missão continua a mesma: levar até você conhecimento profundo, práticas transformadoras e a magia viva que pulsa na natureza e dentro de você. Mas desta vez, abrimos ainda mais portais para a sua jornada espiritual.

O tradicional artigo "Tabelas do Almanaque Wicca" foi reestruturado e agora chama-se "Influências Mágicas Utilizadas no Calendário Wicca de 2026". Nosso Calendário, o mais completo do Brasil, ganhou novos encantos: a cada mês você encontrará os feitiços favorecidos pela energia do signo correspondente, além da erva e da pedra que vibram em sintonia com aquele período.

Entre os artigos inéditos, prepare-se para verdadeiros mergulhos no invisível: "Seu Mapa do Tesouro" ensina um método poderoso que combina imagens, símbolos e Astrologia para manifestar sonhos no plano material; "Quaresma: Um Ciclo de Morte e Renascimento" desvenda o mistério e a força desse período tão enraizado nas tradições brasileiras; "Os Amuletos e Talismãs do Hoodoo" apresenta segredos de uma das práticas mágicas mais vibrantes de Nova Orleans; "A Natureza Mágica do Cabelo Natural" revela a ancestralidade e o poder contidos no cabelo afro; e "Conexão Ancestral *Queer*" celebra a diversidade e reivindica o lugar sagrado da comunidade *queer* na espiritualidade. E isso é apenas o começo. Nesta edição, você encontrará também uma página inteira para colorir — um exercício mágico de criação, onde símbolos ancestrais ganham vida pela força da sua intenção.

O *Almanaque Wicca 2026* é mais do que um guia: é um convite para viver o próximo ano em plena sintonia com a magia. Não perca esta edição: nela está tudo o que você precisa para transformar 2026 num ano de poder, conexão e encantamento.

Denise Rocha

Sumário

Almanaque Wicca 2026
Esta edição contém partes extraídas de *Llewellyn's 2026 Magical Almanac.*

Publicado originalmente por Llewellyn Publications, Woodbury, MN 55125 USA
www.llewellyn.com

Rua Dr. Mário Vicente, 368 – São Paulo, SP – CEP 04270-000 – Fone: (11) 2066-9000
www.editorapensamento.com.br – E-mail: atendimento@grupopensamento.com.br

Direção Editorial
Ricardo Riedel

Editora responsável
Denise de Carvalho Rocha

Departamento Editorial
Adilson Silva Ramachandra
Indiara Faria Kayo
Roseli de Souza Ferraz
Suzana Riedel Dereti
Vivian Miwa Matsushita

Colaborador da Edição Brasileira
Kefron Pinheiro

Capa
Llewellyn Art Department

Editoração
Join Bureau

Impressão
Melting Gráfica

Influências Mágicas Utilizadas no Calendário Wicca de 2026

Nesta seção, você encontrará todas as informações sobre as influências mágicas para compreender e utilizar melhor o Calendário 2026 do *Almanaque Wicca*.

Mudanças de Horário

Todos os horários e datas dos fenômenos astrológicos deste *Almanaque* e do Calendário estão baseados no fuso horário da cidade de São Paulo (hora de Brasília). Se você mora numa região cujo fuso horário seja diferente, não se esqueça de fazer as devidas adaptações.

Celebrações Anuais da Roda do Ano: Eventos Mágicos ao Longo das Estações

Durante o ano, existem datas especiais que marcam alguns dos eventos mais significativos da tradição Wicca. Esses eventos são conhecidos como Sabás e cada um deles representa uma fase do ciclo natural e da jornada simbólica da Divindade.

Os Sabás Principais – Samhain, Imbolc, Beltane e Lammas – geralmente ocorrem em datas fixas, seguindo a tradição. Por outro lado, os Sabás Menores – Yule, Ostara, Litha e Mabon – estão ligados aos solstícios e equinócios, o que faz com que suas datas variem um pouco de um ano para o outro. No Calendário, você encontrará as datas comemoradas tanto no Hemisfério Norte (HN) quanto no Hemisfério Sul (HS). A escolha de seguir o ciclo sazonal de um ou de outro hemisfério é uma decisão pessoal. O mais importante é sentir a conexão com a Terra e honrá-la de coração aberto. Não é necessário realizar rituais elaborados para celebrar. Acender uma vela com intenção, preparar comida com carinho ou fazer uma pequena oferenda já são gestos suficientes para estabelecer uma conexão profunda com o divino. Agora, deixe-se inspirar pela essência de cada Sabá e suas correspondências:

Samhain (31/10 HN | 1º/5 HS) – O Ano-Novo das Bruxas, quando o véu entre os mundos se torna mais tênue. É um momento para honrar os antepassados e acolher o silêncio que marca o fim. Celebre com: maçãs, pão de abóbora, romãs, milho. Utilize no altar: fotos de entes queridos, folhas secas, velas laranja. Ervas: artemísia, sálvia, alecrim, tomilho.

Yule (21 ou 22/12 HN | 21 ou 22/6 HS) – Solstício de Inverno. A luz retorna com o nascimento do Deus Sol, no ventre escuro da Deusa. Celebre com: gemada, pães de gengibre, frutas secas. Utilize no altar: pinhas, sinos, imagens solares, flor de bico-de-papagaio. Ervas: canela, noz-moscada, visgo, hera.

Imbolc (1º ou 2/2 HN | 1º ou 2/8 HS) – Momento em que a Deusa se recupera e o Deus é como uma criança. É um período de purificação e luz crescente. Celebre com: mel, leite, iogurte, sopas. Utilize no altar: flores brancas, leite, velas, quartzo transparente. Ervas: salgueiro, endro, menta.

Ostara (20 ou 21/3 HN | 22 ou 23/9 HS) – Equinócio da Primavera. A Terra desperta em flores e a fertilidade está presente por toda parte. Celebre com: ovos, pães doces, sementes, saladas frescas. Utilize no altar: coelhos, flores, imagens da vida renascente. Ervas: violeta, madressilva, gengibre.

Beltane (30/4 e 1º/5 HN | 31/10 e 1º/11 HS) – Celebra a união sagrada entre o Deus e a Deusa. É um festival de amor, fertilidade e paixão. Celebre com: cerejas, morangos, biscoitos de aveia, sorvete de baunilha. Utilize no altar: flores frescas, fitas coloridas, símbolos de união. Ervas: rosa, prímula, lilás.

Litha (20 a 22/6 HN | 20 a 22/12 HS) – Solstício de Verão. O Deus alcança o auge de seu poder e a natureza transborda em plenitude. Celebre com: frutas cítricas, melancia, pêssegos, suco de limão. Utilize no altar: espelhos, fadas, flores alaranjadas, símbolos solares. Ervas: girassol, camomila, hortelã.

Lammas (1º ou 2/8 HN | 1º ou 2/2 HS) – A primeira colheita. O Deus inicia seu declínio, mas permanece vivo no ventre da Deusa. Celebre com: pães integrais, pipoca, sucos vermelhos. Utilize no altar: grãos, girassóis, sachês de ervas. Ervas: mirtilo, papoula, sândalo.

Mabon (22 ou 23/9 HN | 20 ou 21/3 HS) – Equinócio de Outono. Tempo de gratidão e equilíbrio entre luz e sombra. Celebre com: nozes, uvas, maçãs, tortas de outono. Utilize no altar: folhas secas, bolotas, símbolo yin-yang. Ervas: milefólio, canela, patchouli.

Consulte o Calendário para verificar as datas exatas a cada ano.

Dias da semana, planetas, divindades e objetos simbólicos

Na tradição da magia, cada um dos sete dias da semana é influenciado por um planeta específico, que afeta nossas ações, emoções e atividades espirituais. Além dos planetas, esses dias estão associados a divindades, temas particulares, metais sagrados e símbolos que intensificam suas energias. Sintonizar-se com essas influências é uma maneira eficaz de sincronizar sua rotina com os ritmos cósmicos. Abaixo, você encontrará uma visão abrangente dos dias da semana, suas correspondências e sugestões para práticas mágicas e espirituais.

	Segunda--feira	Terça--feira	Quarta--feira	Quinta-feira	Sexta-feira	Sábado	Domingo
Planeta	Lua	Marte	Mercúrio	Júpiter	Vênus	Saturno	Sol
Divindade	Selene, Néftis, Ártemis, Isis	Ares, Tyr, Iansã, Kali	Hermes, Atena, Sarasvati, Odin	Thor, Júpiter, Juno, Lakshmi, Rhiannon	Afrodite, Angus, Parvati	Hécate, Nêmesis, Saturno	Apolo, Lugh, Brigid, Belisama
Temas	Fertilidade, intuição, interpretação de sonhos, emoções, novos começos	Coragem, proteção, força, paixão, ação, superação	Comunicação, aprendizado, viagens, lógica, ideias, comércio	Expansão, prosperidade, justiça, sorte, sabedoria, família	Amor, beleza, arte, prazer, união, parcerias	Limites, disciplina, purificação, proteção, encerramentos	Vitalidade, saúde, sucesso, alegria, inspiração, brilho pessoal
Metal	Prata	Ferro	Mercúrio (hidrargírio)	Estanho	Cobre	Chumbo	Ouro
Símbolo	Caldeirão	Flecha	Cajado	Tambor	Rosa ou estrela	Corrente ou cordão	Disco solar
Sugestões	Rituais de cura, bênçãos familiares, autoconhecimento	Feitiços de proteção, decisões importantes, rituais energéticos	Estudos, contratos, clareza mental, diálogos essenciais	Rituais de abundância, crescimento espiritual/material	Encantamentos amorosos, autocuidado, celebrações estéticas	Banimentos, organização, limpeza energética	Gratidão, bênçãos solares, manifestações positivas

Ao incorporar essas correspondências mágicas em sua rotina, você fortalece seu vínculo com os ciclos cósmicos e expande seu poder pessoal com a sabedoria dos antigos.

As Estações e a Magia

Assim como a natureza muda ao longo do ano, também mudam as energias que nos cercam. Cada estação carrega uma vibração única que influencia nossas emoções, intenções e práticas espirituais. Ao alinhar seus rituais com o ritmo da Terra, você potencializa sua conexão com o sagrado e encontra o momento ideal para cada tipo de trabalho mágico.

A seguir, veja as qualidades mágicas de cada estação e descubra como aproveitar melhor seus ciclos:

Primavera	Verão	Outono	Inverno
Inícios, novos projetos, purificação, limpeza, cultivo de jardim mágico, fertilidade, atrair amor, felicidade	Dinheiro, prosperidade, sucesso, força, coragem, magia do fogo, fortalecer o amor, fidelidade, cura física	Espiritualidade, agradecimento por bênçãos recebidas, banimento de negatividade, proteção, novas aquisições	Reflexão, meditação, cura emocional, divinação, consciência psíquica, descoberta de vidas passadas

Eclipses — Portais de Transformação

Os eclipses sempre fascinaram a humanidade — e não é por acaso. Eles marcam instantes raros em que os céus parecem sussurrar mistérios profundos e abrir portais para mudanças poderosas.

O **eclipse solar** acontece durante a Lua Nova, quando a Lua se posiciona entre a Terra e o Sol, ocultando sua luz — total ou parcialmente

— por alguns instantes. É como se a escuridão dançasse sobre o dia, revelando o invisível e convidando à renovação.

O **eclipse lunar**, por sua vez, ocorre quando a Terra se coloca entre o Sol e a Lua, projetando sua sombra sobre ela. É um espetáculo noturno no qual a Lua se veste de tons avermelhados ou se apaga lentamente, num convite à introspecção e ao desapego.

Do ponto de vista astronômico, existem três tipos de eclipse:

Total: quando o astro é completamente encoberto.

Parcial: quando apenas uma parte é ocultada.

Anular: um tipo especial de eclipse solar, no qual a Lua passa diante do Sol, mas não o cobre por completo, formando um "anel de fogo" ao redor da sombra.

Para muitos praticantes, os eclipses são momentos de imenso poder. Eles simbolizam viradas de ciclo, revelações, encerramentos e novos começos. São horas em que o véu entre os mundos se torna mais tênue, permitindo que energias profundas sejam acessadas.

Se deseja fazer um ritual durante um eclipse, comece cerca de dez minutos antes do fenômeno. Este é o momento de alinhar sua intenção com a energia que se aproxima. Continue seu trabalho mágico ao longo do eclipse, captando sua força crescente e direcionando-a ao seu propósito.

Lembre-se: o eclipse não é apenas um fenômeno — é um chamado. Um convite cósmico para soltar o velho e abraçar o novo, com coragem, magia e intenção.

A data e o horário dos eclipses de 2026 estão indicados no Calendário e no quadro abaixo, "Sabás e Luas de 2026".

Fases da Lua

Magia em Sintonia com a Lua

Uma das chaves mais antigas e eficazes da magia está no céu: a Lua. Ela rege os mares, os ciclos da natureza — e também os encantamentos das bruxas. Sincronizar seus feitiços e rituais com a fase lunar adequada pode potencializar seus resultados de forma poderosa. Por isso, toda praticante cuidadosa deve ter sempre à mão o Calendário do *Almanaque Wicca*, no qual estão anotadas com exatidão as fases da Lua, com datas e horários precisos. Consultá-lo é como ler o relógio da natureza — ele mostra o momento certo para agir, crescer, limpar ou atrair. Cada frase carrega uma energia específica, e saber trabalhar em harmonia com esses ciclos é o segredo das bruxas que vivem em sintonia com a natureza.

Veja como aproveitar melhor cada fase:

Fase da Lua	Magia Favorecida
Lua Nova	Novos começos, início de projetos, relacionamentos, colocar ideias em prática
Lua Crescente	Desenvolvimento, prosperidade, compromissos, acelerar metas, fortalecer desejos
Lua Cheia	Magias de amor, aumento do poder pessoal, intensificação dos feitiços
Lua Minguante	Encerramentos, banimentos, limpezas, reflexão, cura emocional, libertação

A data e o horário em que a Lua entra em cada fase estão indicados no Calendário.

A Lua nos Signos: o Poder da Magia Astrológica

A Lua, em seu ciclo contínuo pelo céu, percorre todos os signos do zodíaco ao longo do mês. Essa jornada celeste não é apenas um espetáculo astronômico: para quem pratica magia, é uma ferramenta poderosa. A posição da Lua em determinado signo afeta diretamente o tipo de energia disponível para rituais, feitiços e trabalhos espirituais. Cada signo imprime uma qualidade única à Lua — intensificando emoções, favorecendo certos temas e moldando a maneira como sentimos, intuímos e nos conectamos com o invisível. Saber aproveitar essas influências astrológicas permite deixar sua prática mágica ainda mais poderosa. Abaixo, você encontrará uma tabela com os signos lunares mais indicados para diferentes propósitos mágicos. **A data e o horário em que a Lua entra em cada signo estão indicado no Calendário.**

Tipo de feitiço	Áries	Touro	Gêmeos	Câncer	Leão	Virgem	Libra	Escorpião	Sagitário	Capricórnio	Aquário	Peixes
Amor/relacionamentos			☾	☾			☾				☾	☾
Cura/emoções			☾	☾			☾	☾			☾	☾
Prosperidade/aumento		☾			☾	☾			☾	☾		
Emprego/comércio			☾		☾				☾	☾	☾	
Amarração/banimento	☾			☾		☾		☾				
Proteção	☾	☾			☾				☾			
Fertilidade	☾	☾				☾		☾		☾		☾

Luas Fora de Curso

A Lua dá uma volta em torno da Terra a cada 28 dias, permanecendo em cada signo do zodíaco durante dois dias e meio, aproximadamente. Quando se aproxima dos últimos graus de um signo, ela acaba atingindo o planeta que está no grau mais alto desse signo, formando com ele um aspecto final antes de deixar o signo. Esse é um aspecto lunar de grande importância na magia. Quando forma esse último aspecto com o planeta até o momento em que sai desse signo para entrar no próximo, dizem que a Lua está fora de curso. Isso dura apenas algumas horas, porém essas horas são de suma importância em toda ação humana e especialmente na prática da magia, já que durante esse período a Lua está sem direção e tudo o que se faça ou comece se revela muito mais imprevisível. Essa é uma das razões por que muitas magias são ineficazes. Quando a Lua está nesse período não se deve começar nada novo, pois isso pode nunca chegar a se realizar. **As datas de início e final das Luas Fora de Curso do ano de 2026 estão indicadas no Calendário sob a sigla LFC (*Lua Fora de Curso*).**

Lua Negra

A fase lunar denominada Lua Negra acontece mensalmente, nos três dias que antecedem a Lua Nova. A Lua Negra facilita o acesso aos mundos e planos sutis e às profundezas de nossa psique. Por isso é considerada uma fase favorável para trabalhos de transformação e renovação. Ela tem o poder de criar e de destruir, de curar e de regenerar e de descobrir e fluir com o ritmo das mudanças e dos ciclos naturais, dependendo da capacidade individual em reconhecer e integrar sua sombra. É, portanto, um período favorável para rituais de cura, renovação e regeneração. Podemos citar também rituais de eliminação de uma maldição; a correção de uma disfunção, o afastamento dos obstáculos ou das dificuldades à realização afetiva ou profissional; a eliminação de resíduos energéticos negativos de pessoas, objetos e ambientes. **As Luas Negras de 2026 estão indicadas no Calendário.**

Lua Azul

A Lua Azul, a segunda Lua Cheia que ocorre no mesmo mês, é um fenômeno que se repete a cada dois anos e sete meses e é causado pela presença de treze lunações em um ano solar. É considerada um tempo mágico que abre portais de comunicação profunda com outras dimensões, energias, seres e planos sutis, tornando os rituais mais poderosos, as vivências mais abrangentes e os efeitos mágicos mais rápidos. Por isso é preciso ter muita cautela ao se escolher os objetivos e pedidos feitos nessa fase da Lua. **A Lua Azul de 2026 está indicada no Calendário e na tabela a seguir.**

Lua Rosa

Na Antiga Tradição, acreditava-se que determinadas **Luas Cheias** tinham uma energia especial para realizar desejos, projetos ou aspirações. Essas Luas, chamadas "Lua Rosa dos Desejos" ou "Lua dos Pedidos", são os plenilúnios (Luas Cheias) mais próximos dos quatro grandes sabás celtas: Samhain, em 31 de outubro; Imbolc, em 1º de fevereiro; Beltane, em 30 de abril; e Lughnassadh, em 1º de agosto – com um intervalo de três meses entre si. **As Luas Rosa de 2026 estão indicadas no Calendário e na tabela a seguir.**

Lua Violeta

Menos conhecida e menos divulgada, a Lua Violeta acontece quando ocorrem **duas Luas Novas** no mesmo mês. O período de três dias – que antecede a segunda Lua Nova – proporciona energias purificadoras e transmutadoras e, portanto, oferece as condições ideais para a introspecção e a meditação amplas e profundas, bem como a reavaliação de valores, atitudes e objetivos. **Não há Luas Violeta em 2026.**

Duas Luas Minguantes em Dezembro: um Convite Mágico ao Desapego Profundo

O ano de 2026 nos presenteia com duas Luas Minguantes no mês de dezembro. Na Wicca, a ocorrência de duas Luas Minguantes no mesmo mês não tem um significado ritualístico tradicional, como acontece com a Lua Azul, a Lua Violeta ou a Lua Negra. No entanto, a repetição da fase minguante num só ciclo mensal pode ser vista como um símbolo poderoso, especialmente quando acontece em dezembro, mês que naturalmente convida ao encerramento de ciclos. Quando essa fase se repete dentro do mesmo mês, especialmente em dezembro, isso pode ser lido como um chamado duplo da Deusa Anciã para que deixemos para trás tudo aquilo que não pode ser carregado para o novo ciclo.

Interpretações possíveis:

* Uma segunda chance para você soltar o que ainda prende: como se o Universo, com compaixão, abrisse um segundo portal de liberação para tudo que você ainda não consegue deixar ir.

* Purificação em dois níveis: físico e energético, emocional e espiritual — uma limpeza em camadas, profunda e completa.

* Rito de passagem consciente: ter duas Luas Minguantes no último mês do ano pode intensificar o simbolismo de "morrer para renascer", tornando dezembro de 2026 ainda mais propício à introspecção e à magia transformadora.

* Reforço da proteção e do banimento: ideal para realizar rituais de corte energético, limpeza de espaços, encerramento de contratos kármicos ou emocionais.

Lua Vermelha

Na Antiguidade, o ciclo menstrual da mulher seguia as fases da Lua com tanta precisão que a gestação era contada por luas. Com o passar do tempo, a mulher foi se distanciando dessa sintonia e perdendo o contato com o próprio ritmo do corpo, o que gerou vários desequilíbrios hormonais, emocionais e psíquicos. Para restabelecer essa sincronicidade natural, a mulher deve se reconectar à Lua, observando a relação entre as fases lunares e o seu ciclo menstrual.

Cores e Incensos de Cada Dia da Semana

No Calendário, são sugeridos para cada dia da semana cores e aromas de incensos, caso você queira usar velas e incensos nos seus encantamentos e rituais.

Sabás e Luas de 2026	
3 de janeiro	Lua Cheia às 7h04
10 de janeiro	Lua Minguante às 12h50
18 de janeiro	Lua Nova às 16h53
26 de janeiro	Lua Crescente à 1h49
1º de fevereiro	Lua Cheia às 19h10 (Lua Rosa) Imbolc (HN)/Lammas (HS)
9 de fevereiro	Lua Minguante às 9h44
17 de fevereiro	Lua Nova às 9h02 Eclipse Anular do Sol às 9h02
24 de fevereiro	Lua Crescente às 9h29

Sabás e Luas de 2026	
3 de março	Lua Cheia às 8h39 Eclipse Total da Lua às 8h39
11 de março	Lua Minguante às 6h40
18 de março	Lua Nova às 22h25
20 de março	Ostara – Equinócio de Primavera (HN) Mabon – Equinócio de Outono (HS)
25 de março	Lua Crescente às 16h19
1º de abril	Lua Cheia às 23h13
10 de abril	Lua Minguante à 1h53
17 de abril	Lua Nova às 8h53
23 de abril	Lua Crescente às 23h33
30 de abril	Beltane (HN) Samhain (HS)
1º de maio	Lua Cheia às 14h24 (Lua Rosa)
9 de maio	Lua Minguante às 18h12
16 de maio	Lua Nova às 17h02
23 de maio	Lua Crescente às 8h12
31 de maio	Lua Cheia às 5h46 (Lua Azul)

Sabás e Luas de 2026	
8 de junho	Lua Minguante às 7h02
14 de junho	Lua Nova às 23h55
21 de junho	Lua Crescente às 18h57 Litha – Solstício de Verão (HN) Yule – Solstício de Inverno (HS)
29 de junho	Lua Cheia às 20h58
7 de julho	Lua Minguante às 16h30
14 de julho	Lua Nova às 6h45
21 de julho	Lua Crescente às 8h07
29 de julho	Lua Cheia às 11h37 (Lua Rosa)
1º de agosto	Lammas (HN) Imbolc (HS)
5 de agosto	Lua Minguante às 23h23
12 de agosto	Lua Nova às 14h38 Eclipse Solar Total às 14h38
19 de agosto	Lua Crescente às 23h47
28 de agosto	Lua Cheia à 1h20
4 de setembro	Lua Minguante às 4h52
11 de setembro	Lua Nova à 0h28
18 de setembro	Lua Crescente às 17h45
22 de setembro	Mabon – Equinócio de Outono (HN) Ostara – Equinócio de Primavera (HS)
26 de setembro	Lua Cheia às 13h50

Sabás e Luas de 2026	
3 de outubro	Lua Minguante às 10h26
10 de outubro	Lua Nova às 12h51
18 de outubro	Lua Crescente às 13h14
26 de outubro	Lua Cheia à 1h13 (Lua Rosa)
31 de outubro	Samhain (HN) Beltane (HS)
1º de novembro	Lua Minguante às 17h30
9 de novembro	Lua Nova às 4h03
17 de novembro	Lua Crescente às 8h49
24 de novembro	Lua Cheia às 11h55
1º de dezembro	Lua Minguante às 3h10
8 de dezembro	Lua Nova às 21h53
17 de dezembro	Lua Crescente às 2h44
21 de dezembro	Yule – Solstício de Inverno (HN) Litha – Solstício de Verão (HS)
23 de dezembro	Lua Cheia às 22h29
30 de dezembro	Lua Minguante às 16h01 (2ª Lua Minguante do mês)

2026
CALENDÁRIO

Início LFC = Início da Lua Fora de Curso
Final LFC = Término da Lua Fora de Curso

Janeiro de 2026

Janeiro é o mês da renovação, ideal para banimentos e consagrações de metas. Com a energia do signo de Capricórnio e a proteção do deus Janus, este é um período propício para magias de abertura de caminhos, estabilidade e prosperidade. Aproveite o alecrim para purificação e a granada como amuleto de compromisso e foco.

1º/1 quinta-feira
Signo da Lua: Gêmeos
Fase da Lua: Crescente
Cor: Amarelo ⊙ Incenso: Mirra
Dia Mundial da Paz
Dia consagrado ao par divino Zeus e Hera
Festival romano de Strenia, com troca de presentes
Januálias

2/1 sexta-feira
Signo da Lua: Câncer às 10h10
Fase da Lua: Crescente
Início LFC: 9h25
Final LFC: 10h10
Cor: Roxo
Incenso: Cedro
Advento de Ísis
Celebração das Nornes, deusas do destino

3/1 sábado
Signo da Lua: Câncer
Fase da Lua: Cheia às 7h04
Cor: Laranja ⊙ Incenso: Sândalo
Festival romano em honra de Pax, deusa da paz
Festival Lanaia em honra a Dioniso

4/1 domingo
Signo da Lua: Leão às 10h45
Fase da Lua: Cheia
Início LFC: 10h01
Final LFC: 10h45
Cor: Rosa ⊙ Incenso: Arruda
Ritual coreano das Sete Estrelas

5/1 segunda-feira
Signo da Lua: Leão
Fase da Lua: Cheia
Cor: Vermelho ⊙ Incenso: Patchouli
Festa de Bafana, na Itália, reminiscência da antiga celebração à deusa Befana, a Anciã, também chamada de La Vecchia ou La Strega

6/1 terça-feira
Signo da Lua: Virgem às 13h58
Fase da Lua: Cheia
Início LFC: 10h06

Final LFC: 13h58
Cor: Branco ⊙ Incenso: Jasmim
Dia de Morrigan, deusa tríplice celta
Epifania ou Dia de Reis

7/1 quarta-feira
Signo da Lua: Virgem
Fase da Lua: Cheia
Cor: Verde ⊙ Incenso: Alecrim
Dia da Liberdade de Cultos
Sekhmet, Ano-Novo Egípcio

8/1 quinta-feira
Signo da Lua: Libra às 21h07
Fase da Lua: Cheia
Início LFC: 20h24
Final LFC: 21h07
Cor: Azul ⊙ Incenso: Lavanda
Ano-Novo dos Druidas
Festival de Justitia, em honra da deusa romana da justiça
Dia de Freia, deusa nórdica do amor, da fertilidade e da magia

9/1 sexta-feira
Signo da Lua: Libra
Fase da Lua: Cheia
Cor: Amarelo ⊙ Incenso: Sândalo
Festa da Agonia, dedicada ao deus Janus, padroeiro do mês

10/1 sábado
Signo da Lua: Libra
Fase da Lua: Minguante às 12h50
Início LFC: 14h55
Cor: Branco ⊙ Incenso: Lavanda
Início da Carmentália, festival dedicado à deusa Carmenta (até 15/1)

11/1 domingo
Signo da Lua: Escorpião às 7h56
Fase da Lua: Minguante
Final LFC: 7h56
Cor: Roxo ⊙ Incenso: Jasmim
Dia de Frigga, deusa nórdica consorte do deus Odin

12/1 segunda-feira
Signo da Lua: Escorpião
Fase da Lua: Minguante
Cor: Vermelho ⊙ Incenso: Cedro
Festival de Compitália, em honra dos Lares
Festival indiano de Sarasvati, deusa dos rios, das artes e do conhecimento

13/1 terça-feira
Signo da Lua: Sagitário às 20h35
Fase da Lua: Minguante
Início LFC: 20h
Final LFC: 20h35
Cor: Rosa ⊙ Incenso: Patchouli

14/1 quarta-feira
Signo da Lua: Sagitário
Fase da Lua: Minguante
Cor: Verde
Incenso: Alecrim
Makara Sankranti, celebração hindu com banho no rio Ganges

2026
CALENDÁRIO

15/1 quinta-feira
Signo da Lua: Sagitário
Fase da Lua: Minguante (**Lua Negra**)
Cor: Azul ⊙ Incenso: Mirra

16/1 sexta-feira
Signo da Lua: Capricórnio às 8h48
Fase da Lua: Minguante (**Lua Negra**)
Início LFC: 8h20
Final LFC: 8h48
Cor: Laranja ⊙ Incenso: Arruda
Festival da Concórdia, deusa romana das relações harmoniosas
Festival hindu de Ganesha, deus-elefante, filho da deusa Parvati

17/1 sábado
Signo da Lua: Capricórnio
Fase da Lua: Minguante (**Lua Negra**)
Cor: Amarelo ⊙ Incenso: Alecrim
Festival celta das Macieiras
Dia de Felicitas, deusa romana da boa sorte e da felicidade
Dia da deusa grega Athena em seu aspecto guerreira

18/1 domingo
Signo da Lua: Aquário às 19h19
Fase da Lua: Nova às 16h53
Início LFC: 18h58
Final LFC: 19h19
Cor: Roxo ⊙ Incenso: Sândalo
Festival hindu ao deus e à deusa Surya, divindades solares regentes da luz

19/1 segunda-feira
Signo da Lua: Aquário
Fase da Lua: Nova
O Sol entra em Aquário às 22h46
Cor: Branco ⊙ Incenso: Arruda

20/1 terça-feira
Signo da Lua: Aquário
Fase da Lua: Nova
Início LFC: 23h18
Cor: Vermelho ⊙ Incenso: Lavanda
Dia da Santa Inês ou Agnes, época da divinação pelo fogo

21/1 quarta-feira
Signo da Lua: Peixes às 3h51
Fase da Lua: Nova
Final LFC: 3h51
Cor: Azul ⊙ Incenso: Jasmim
Celebração de Baba Yaga, nos países eslavos
Dia Mundial da Religião

22/1 quinta-feira
Signo da Lua: Peixes
Fase da Lua: Nova
Cor: Verde ⊙ Incenso: Cedro
Festival das Musas, honrando as deusas da poesia, da arte, da música e da dança

23/1 sexta-feira
Signo da Lua: Áries às 10h27
Fase da Lua: Nova
Início LFC: 10h18
Final LFC: 10h27
Cor: Rosa ⊙ Incenso: Mirra
Celebração da deusa lunar egípcia Hathor, deusa da beleza, do amor e da arte

24/1 sábado
Signo da Lua: Áries
Fase da Lua: Nova
Início LFC: 18h37
Cor: Laranja ⊙ Incenso: Patchouli

25/1 domingo
Signo da Lua: Touro às 15h06
Fase da Lua: Nova
Final LFC: 15h06
Cor: Amarelo ⊙ Incenso: Cedro

26/1 segunda-feira
Signo da Lua: Touro
Fase da Lua: Crescente à 1h49
Cor: Branco ⊙ Incenso: Jasmim
Celebração de Cernunnos, o deus celta da fertilidade, senhor dos animais e da vegetação

27/1 terça-feira
Signo da Lua: Gêmeos às 17h56
Fase da Lua: Crescente
Início LFC: 14h59
Final LFC: 17h56
Cor: Roxo ⊙ Incenso: Mirra
Feriae Sementiva, festival romano em honra às deusas dos grãos e da colheita

28/1 quarta-feira
Signo da Lua: Gêmeos
Fase da Lua: Crescente
Cor: Rosa ⊙ Incenso: Lavanda
Dia da deusa Pele, padroeira do Havaí, guardiã do fogo vulcânico

29/1 quinta-feira
Signo da Lua: Câncer às 19h33
Fase da Lua: Crescente
Início LFC: 16h58
Final LFC: 19h33
Cor: Azul ⊙ Incenso: Patchouli
Celebração de Concórdia, a deusa romana da paz e da harmonia domésticas

30/1 sexta-feira
Signo da Lua: Câncer
Fase da Lua: Crescente
Cor: Verde ⊙ Incenso: Arruda
Festival da Paz, dedicado à deusa romana Pax
Festa de Nosso Senhor do Bonfim e de Nossa Senhora das Águas

31/1 sábado
Signo da Lua: Leão às 21h10
Fase da Lua: Crescente
Início LFC: 18h53
Final LFC: 21h10
Cor: Vermelho ⊙ Incenso: Sândalo
Véspera de fevereiro, início do festival de Imbolc
Dia consagrado às Valquírias e às Parcas

2026

CALENDÁRIO

Fevereiro de 2026

Fevereiro é tempo de introspecção e cura, orientado pelas vibrações de Aquário e por deuses ligados à sabedoria e ao mistério, como Brighid e Odin. Este mês favorece magias de inspiração, proteção espiritual e conexão com planos sutis. Use lavanda para acalmar a mente e ametista como aliada na intuição e meditação.

1º/2 domingo
Signo da Lua: Leão
Fase da Lua: Cheia às 19h10 (**Lua Rosa**)
Cor: Laranja ⊙ Incenso: Cedro
Festival da deusa celta Brighid
Imbolc (HN)
Lammas (HS)

2/2 segunda-feira
Signo da Lua: Leão
Fase da Lua: Cheia
Início LFC: 19h56
Cor: Rosa ⊙ Incenso: Jasmim
Festival de Juno Fébrua, a deusa que preside o mês de fevereiro
Festa de Iemanjá

3/2 terça-feira
Signo da Lua: Virgem à 0h22
Fase da Lua: Cheia
Final LFC: 0h22
Cor: Amarelo
Incenso: Mirra

4/2 quarta-feira
Signo da Lua: Virgem
Fase da Lua: Cheia
Cor: Branco
Incenso: Alecrim

5/2 quinta-feira
Signo da Lua: Libra às 6h34
Fase da Lua: Cheia
Início LFC: 4h50
Final LFC: 6h34
Cor: Verde ⊙ Incenso: Patchouli

6/2 sexta-feira
Signo da Lua: Libra
Fase da Lua: Cheia
Cor: Azul ⊙ Incenso: Arruda
Festival em honra de Afrodite, deusa grega do amor

7/2 sábado
Signo da Lua: Escorpião às 16h14
Fase da Lua: Cheia
Início LFC: 9h01
Final LFC: 16h14
Cor: Vermelho ⊙ Incenso: Lavanda

8/2 domingo
Signo da Lua: Escorpião
Fase da Lua: Cheia
Cor: Roxo ⊙ Incenso: Sândalo

9/2 segunda-feira
Signo da Lua: Escorpião
Fase da Lua: Minguante às 9h44

Cor: Rosa ⊙ Incenso: Lavanda
Dia de Apolo, a divindade do Sol

10/2 terça-feira
Signo da Lua: Sagitário às 4h23
Fase da Lua: Minguante
Início LFC: 4h02
Final LFC: 4h23
Cor: Azul ⊙ Incenso: Jasmim

11/2 quarta-feira
Signo da Lua: Sagitário
Fase da Lua: Minguante
Cor: Laranja ⊙ Incenso: Alecrim

12/2 quinta-feira
Signo da Lua: Capricórnio às 16h46
Fase da Lua: Minguante
Início LFC: 16h30
Final LFC: 16h46
Cor: Branco ⊙ Incenso: Arruda
Dia consagrado às deusas da caça, Ártemis e Diana

13/2 sexta-feira
Signo da Lua: Capricórnio
Fase da Lua: Minguante
Cor: Amarelo ⊙ Incenso: Cedro
Parentálias, festival romano em honra dos mortos (até 28/2)

14/2 sábado
Signo da Lua: Capricórnio
Fase da Lua: Minguante (**Lua Negra**)
Início LFC: 22h33
Cor: Verde
Incenso: Sândalo
Dia de São Valentim, festival do amor, também dedicado a Juno Fébrua

15/2 domingo
Signo da Lua: Aquário às 3h18
Fase da Lua: Minguante (**Lua Negra**)
Final LFC: 3h18
Cor: Vermelho ⊙ Incenso: Mirra
Lupercais, festival romano em honra do deus Pã

16/2 segunda-feira
Signo da Lua: Aquário
Fase da Lua: Minguante (**Lua Negra**)
Cor: Roxo ⊙ Incenso: Patchouli
Faunálias, festas romanas em honra dos faunos

17/2 terça-feira
Signo da Lua: Peixes às 11h10
Fase da Lua: Nova às 9h02
O Sol entra em Peixes às 12h53
Eclipse anular do Sol às 9h02
Início LFC: 9h02
Final LFC: 11h10
Cor: Rosa ⊙ Incenso: Cedro
Dia da deusa Kali na Índia
Ano-Novo Chinês (Cavalo de Fogo)

18/2 quarta-feira
Signo da Lua: Peixes
Fase da Lua: Nova
Cor: Azul
Incenso: Lavanda
Cinzas

19/2 quinta-feira
Signo da Lua: Áries às 16h40
Fase da Lua: Nova
Início LFC: 12h24
Final LFC: 16h40
Cor: Branco ⊙ Incenso: Jasmim

20/2 sexta-feira
Signo da Lua: Áries
Fase da Lua: Nova
Cor: Amarelo ⊙ Incenso: Alecrim

21/2 sábado
Signo da Lua: Touro às 20h32
Fase da Lua: Nova
Início LFC: 8h13
Final LFC: 20h32
Cor: Verde ⊙ Incenso: Arruda
Ferálias, festas romanas em honra dos deuses Manes, espíritos dos mortos

22/2 domingo
Signo da Lua: Touro
Fase da Lua: Nova
Cor: Laranja ⊙ Incenso: Patchouli
Festival romano da deusa Concórdia
Festival das Lanternas

23/2 segunda-feira
Signo da Lua: Gêmeos às 23h30
Fase da Lua: Nova
Início LFC: 19h30
Final LFC: 23h30
Cor: Vermelho
Incenso: Mirra
Terminálias, festival romano em honra de Termo, deus das fronteiras

24/2 terça-feira
Signo da Lua: Gêmeos
Fase da Lua: Crescente às 9h29
Cor: Roxo ⊙ Incenso: Sândalo

25/2 quarta-feira
Signo da Lua: Gêmeos
Fase da Lua: Crescente
Início LFC: 20h01
Final LFC: 2h12
Cor: Rosa ⊙ Incenso: Lavanda

26/2 quinta-feira
Signo da Lua: Câncer às 2h12
Fase da Lua: Crescente
Cor: Azul ⊙ Incenso: Alecrim

27/2 sexta-feira
Signo da Lua: Câncer
Fase da Lua: Crescente
Cor: Branco ⊙ Incenso: Jasmim
Dia da Anciã

28/2 sábado
Signo da Lua: Leão às 5h18
Fase da Lua: Crescente
Início LFC: 1h22
Final LFC: 5h18
Cor: Amarelo ⊙ Incenso: Arruda

Março de 2026

Março marca o início de um novo ciclo com a chegada do outono e a entrada do Sol em Áries, trazendo energia de renovação, coragem e ação. É um período poderoso para magias de força interior, inícios e proteção, sob a inspiração de deuses como Marte e Ártemis. Trabalhos com alecrim e jaspe vermelho ajudam a canalizar essa força transformadora.

1º/3 domingo
Signo da Lua: Leão
Fase da Lua: Crescente
Cor: Vermelho ⊙ Incenso: Cedro
Matronálias, festas romanas em homenagem à maternidade de Juno, protetora dos casamentos
Dia em que as vestais alimentavam o fogo sagrado, anunciando o Ano-Novo Romano

2/3 segunda-feira
Signo da Lua: Virgem às 9h35
Fase da Lua: Crescente
Início LFC: 9h29
Final LFC: 9h35
Cor: Roxo ⊙ Incenso: Mirra
Dia consagrado a Ceadda, deusa das fontes e poços sagrados

3/3 terça-feira
Signo da Lua: Virgem
Fase da Lua: Cheia às 8h39
Eclipse total da Lua às 8h39
Cor: Rosa ⊙ Incenso: Patchouli
Isidis Navigatum, Bênção egípcia das frotas

4/3 quarta-feira
Signo da Lua: Libra às 15h57
Fase da Lua: Cheia
Início LFC: 11h54
Final LFC: 15h57
Cor: Azul ⊙ Incenso: Lavanda
Festival celta em honra a Rhiannon, deusa donzela, relacionada à deusa Perséfone

5/3 quinta-feira
Signo da Lua: Libra
Fase da Lua: Cheia
Início LFC: 20h23
Cor: Laranja ⊙ Incenso: Alecrim

6/3 sexta-feira
Signo da Lua: Libra
Fase da Lua: Cheia
Cor: Branco ⊙ Incenso: Jasmim

7/3 sábado
Signo da Lua: Escorpião à 1h03
Fase da Lua: Cheia
Final LFC: 1h03
Cor: Verde
Incenso: Arruda

8/3 domingo
Signo da Lua: Escorpião
Fase da Lua: Cheia
Cor: Amarelo ⊙ Incenso: Sândalo
Dia Internacional da Mulher

9/3 segunda-feira
Signo da Lua: Sagitário às 12h38
Fase da Lua: Cheia
Início LFC: 9h29
Final LFC: 12h38
Cor: Amarelo ⊙ Incenso: Sândalo

10/3 terça-feira
Signo da Lua: Sagitário
Fase da Lua: Cheia
Cor: Roxo ⊙ Incenso: Lavanda

11/3 quarta-feira
Signo da Lua: Sagitário
Fase da Lua: Minguante às 6h40
Início LFC: 6h40
Cor: Azul ⊙ Incenso: Jasmim

12/3 quinta-feira
Signo da Lua: Capricórnio à 1h08
Fase da Lua: Minguante
Final LFC: 1h08
Cor: Rosa
Incenso: Mirra
Festa de Marduk, deus supremo da Babilônia
Dia do Martírio de Hipátia, conhecida como a Pagã Divina

13/3 sexta-feira
Signo da Lua: Capricórnio
Fase da Lua: Minguante
Cor: Branco
Incenso: Patchouli
Dia da Sorte na Wicca

14/3 sábado
Signo da Lua: Aquário às 12h15
Fase da Lua: Minguante
Início LFC: 8h34
Final LFC: 12h15
Cor: Amarelo ⊙ Incenso: Arruda
Dia de Ua Zit, deusa-serpente egípcia

15/3 domingo
Signo da Lua: Aquário
Fase da Lua: Minguante (**Lua Negra**)
Cor: Verde ⊙ Incenso: Cedro
Festival romano em honra de Ana Perena, deusa dos anos
Festival em honra de Átis e Cibele
Dia sagrado de Reia, deusa grega da terra, mãe de Zeus e um aspecto da Grande Mãe

16/3 segunda-feira
Signo da Lua: Peixes às 20h17
Fase da Lua: Minguante (**Lua Negra**)
Início LFC: 16h58
Final LFC: 20h17
Cor: Laranja ⊙ Incenso: Sândalo
Festival do deus grego Dioniso, deus do vinho
Dia dedicado a Morgan Le Fay

17/3 terça-feira
Signo da Lua: Peixes
Fase da Lua: Minguante (**Lua Negra**)
Cor: Vermelho ⊙ Incenso: Jasmim
Liberálias, festas romanas em honra de Líber, deus da fecundidade

18/3 quarta-feira
Signo da Lua: Peixes
Fase da Lua: Nova às 22h25
Início LFC: 22h25
Cor: Roxo ⊙ Incenso: Mirra

19/3 quinta-feira
Signo da Lua: Áries à 1h04
Fase da Lua: Nova
Final LFC: 1h04
Cor: Azul ⊙ Incenso: Alecrim
Quinquátrias, festas romanas em honra de Minerva, deusa que personificava o pensamento (até 23/3)
A véspera do equinócio é um dos festivais da deusa grega Atenas

20/3 sexta-feira
Signo da Lua: Áries
Fase da Lua: Nova
O Sol entra em Áries às 11h47
Início do Outono às 11h47
Início LFC: 6h24
Cor: Rosa ⊙ Incenso: Lavanda
Ostara – Equinócio de Primavera (HN)
Mabon – Equinócio de Outono (HS)

21/3 sábado
Signo da Lua: Touro às 3h36
Fase da Lua: Nova
Final LFC: 3h36
Cor: Amarelo ⊙ Incenso: Cedro

22/3 domingo
Signo da Lua: Touro
Fase da Lua: Nova
Cor: Branco ⊙ Incenso: Arruda

23/3 segunda-feira
Signo da Lua: Gêmeos às 5h20
Fase da Lua: Nova
Início LFC: 2h41
Final LFC: 5h20
Cor: Verde ⊙ Incenso: Patchouli

24/3 terça-feira
Signo da Lua: Gêmeos
Fase da Lua: Nova
Início LFC: 19h38
Cor: Laranja ⊙ Incenso: Mirra
Dia da deusa guardiã Albion ou Britânia (Grã-Bretanha)

25/3 quarta-feira
Signo da Lua: Câncer às 7h34
Fase da Lua: Crescente às 16h19
Final LFC: 7h34
Cor: Roxo ⊙ Incenso: Alecrim
Hilárias, festas romanas em honra de Cibele

26/3 quinta-feira
Signo da Lua: Câncer
Fase da Lua: Crescente
Cor: Rosa
Incenso: Sândalo

27/3 sexta-feira
Signo da Lua: Leão às 11h11
Fase da Lua: Crescente
Início LFC: 8h41
Final LFC: 11h11
Cor: Azul ⊙ Incenso: Jasmim

28/3 sábado
Signo da Lua: Leão
Fase da Lua: Crescente
Cor: Branco ⊙ Incenso: Lavanda
Antiga data do nascimento de Jesus

29/3 domingo
Signo da Lua: Virgem às 16h34
Fase da Lua: Crescente
Início LFC: 14h29
Final LFC: 16h34
Cor: Amarelo ⊙ Incenso: Patchouli
Festival da deusa egípcia Ishtar

30/3 segunda-feira
Signo da Lua: Virgem
Fase da Lua: Crescente
Cor: Vermelho ⊙ Incenso: Arruda
Festival de Luna, deusa romana da Lua

31/3 terça-feira
Signo da Lua: Libra às 23h52
Fase da Lua: Crescente
Início LFC: 21h33
Final LFC: 23h52
Cor: Verde ⊙ Incenso: Mirra

Abril de 2026

Abril convida à estabilidade e à fertilidade, sob o signo de Touro e a regência de divindades como Afrodite, Cernunnos e Deméter. É um bom momento para rituais de amor, abundância, conexão com a natureza e prosperidade material. Utilize rosas e quartzo rosa para atrair beleza, harmonia e relacionamentos duradouros.

1º/4 quarta-feira
Signo da Lua: Libra
Fase da Lua: Cheia às 23h13
Cor: Laranja ⊙ Incenso: Lavanda
Venerálias, festival romano em honra de Vênus, deusa da beleza e do amor

2/4 quinta-feira
Signo da Lua: Libra
Fase da Lua: Cheia
Início LFC: 5h56
Cor: Rosa ⊙ Incenso: Alecrim
Festival de Cibele, a Grande Mãe

3/4 sexta-feira
Signo da Lua: Escorpião às 9h12
Fase da Lua: Cheia
Final LFC: 9h12
Cor: Roxo ⊙ Incenso: Jasmim
Paixão de Cristo

4/4 sábado
Signo da Lua: Escorpião
Fase da Lua: Cheia
Cor: Amarelo
Incenso: Cedro
Megalésias, festas romanas em honra de Cibele, a Mãe dos Deuses
Sábado de Aleluia

5/4 domingo
Signo da Lua: Sagitário às 20h33
Fase da Lua: Cheia
Início LFC: 18h30
Final LFC: 20h33
Cor: Branco
Incenso: Mirra
Festival chinês em honra de Kuan Yin, deusa da cura
Páscoa

6/4 segunda-feira
Signo da Lua: Sagitário
Fase da Lua: Cheia
Cor: Azul ⊙ Incenso: Arruda

7/4 terça-feira
Signo da Lua: Sagitário
Fase da Lua: Cheia
Cor: Vermelho ⊙ Incenso: Patchouli
Dia Mundial da Saúde

8/4 quarta-feira
Signo da Lua: Capricórnio às 9h05
Fase da Lua: Cheia
Início LFC: 6h53
Final LFC: 9h05
Cor: Verde ⊙ Incenso: Sândalo

9/4 quinta-feira
Signo da Lua: Capricórnio
Fase da Lua: Cheia
Cor: Rosa ⊙ Incenso: Alecrim

10/4 sexta-feira
Signo da Lua: Aquário às 20h57
Fase da Lua: Minguante à 1h53
Início LFC: 19h25
Final LFC: 20h57
Cor: Laranja ⊙ Incenso: Lavanda
Dança do Sol no druidismo

11/4 sábado
Signo da Lua: Aquário
Fase da Lua: Minguante
Cor: Roxo ⊙ Incenso: Sândalo

12/4 domingo
Signo da Lua: Aquário
Fase da Lua: Minguante
Cor: Amarelo ⊙ Incenso: Mirra

13/4 segunda-feira
Signo da Lua: Peixes às 5h57
Fase da Lua: Cheia
Início LFC: 4h43
Final LFC: 5h57
Cor: Branco

2026 CALENDÁRIO

Incenso: Jasmim
Festival de primavera de Libertas, a deusa romana da Liberdade
Cereálias, festival romano em homenagem a Ceres, deusa da Terra e seus frutos

14/4 terça-feira
Signo da Lua: Peixes
Fase da Lua: Minguante (**Lua Negra**)
Cor: Azul ⊙ Incenso: Patchouli

15/4 quarta-feira
Signo da Lua: Áries às 11h05
Fase da Lua: Minguante (**Lua Negra**)
Início LFC: 10h08
Final LFC: 11h05
Cor: Verde ⊙ Incenso: Cedro
Fordicálias, festas romanas em honra de Tellus, a personificação da Terra

16/4 quinta-feira
Signo da Lua: Áries
Fase da Lua: Minguante (**Lua Negra**)
Cor: Vermelho ⊙ Incenso: Arruda
Festival em honra do deus grego Apolo
Antigo festival a deusa Tellus, muitas vezes chamada Tellus Mater, a Mãe Terra

17/4 sexta-feira
Signo da Lua: Touro às 12h59
Fase da Lua: Nova às 8h53
Início LFC: 8h53
Final LFC: 12h59
Cor: Rosa
Incenso: Lavanda

18/4 sábado
Signo da Lua: Touro
Fase da Lua: Nova
Cor: Amarelo
Incenso: Alecrim

19/4 domingo
Signo da Lua: Gêmeos às 13h19
Fase da Lua: Nova
O Sol entra em Touro às 22h40
Início LFC: 12h46
Final LFC: 13h19
Cor: Laranja ⊙ Incenso: Cedro

20/4 segunda-feira
Signo da Lua: Gêmeos
Fase da Lua: Nova
Início LFC: 2h19
Cor: Roxo ⊙ Incenso: Jasmim

21/4 terça-feira
Signo da Lua: Câncer às 14h01
Fase da Lua: Nova
Final LFC: 14h01
Cor: Verde ⊙ Incenso: Patchouli
Parílias, festas romanas em honra de Pales, deusa dos pastores e das pastagens
Tiradentes

22/4 quarta-feira
Signo da Lua: Câncer
Fase da Lua: Nova
Cor: Azul ⊙ Incenso: Arruda
Dia da Terra

23/4 quinta-feira
Signo da Lua: Leão às 16h42
Fase da Lua: Crescente às 23h33
Início LFC: 16h29
Final LFC: 16h42
Cor: Branco ⊙ Incenso: Mirra
Vinálias, festas romanas em honra de Júpiter
Dia de São Jorge

24/4 sexta-feira
Signo da Lua: Leão
Fase da Lua: Crescente
Início LFC: 19h22
Cor: Vermelho ⊙ Incenso: Sândalo
Véspera do Dia de São Marcos, uma das noites tradicionais para se adivinhar o futuro

25/4 sábado
Signo da Lua: Virgem às 22h06
Fase da Lua: Crescente
Final LFC: 22h06
Cor: Rosa ⊙ Incenso: Lavanda
Robigálias, festas romanas em honra de Robigo, deus dos trigais

26/4 domingo
Signo da Lua: Virgem
Fase da Lua: Crescente
Cor: Amarelo ⊙ Incenso: Jasmim

27/4 segunda-feira
Signo da Lua: Virgem
Fase da Lua: Crescente
Início LFC: 8h13
Cor: Laranja ⊙ Incenso: Alecrim

28/4 terça-feira
Signo da Lua: Libra às 6h04
Fase da Lua: Crescente
Final LFC: 6h04
Cor: Azul ⊙ Incenso: Cedro
Florálias, festas romanas em honra de Flora, deusa da primavera e dos prazeres da juventude

29/4 quarta-feira
Signo da Lua: Libra
Fase da Lua: Crescente
Cor: Roxo ⊙ Incenso: Arruda

30/4 quinta-feira
Signo da Lua: Escorpião às 16h03
Fase da Lua: Crescente
Início LFC: 5h53
Final LFC: 16h03
Cor: Branco ⊙ Incenso: Patchouli
Beltane – Véspera de Maio (HN)
Samhain (HS)

2026
CALENDÁRIO

Maio de 2026

Maio é um mês de florescimento e sensualidade, regido por Touro e, depois, por Gêmeos, e inspirado por deuses como Bel, Maia, Afrodite e Flora. É tempo de celebrar o amor, a união, a beleza e a fertilidade. Magias voltadas à paixão, autoestima, colheita de frutos e encantamento têm força especial agora – use flores, canela e cobre para potencializar seus rituais.

1º/5 sexta-feira
Signo da Lua: Escorpião
Fase da Lua: Cheia às 14h24 (**Lua Rosa**)
Cor: Vermelho ⊙ Incenso: Mirra
Festival de Belenus, deus celta do fogo e do Sol
Festa romana a Fauna, deusa da fertilidade
Dia do Trabalho
Dia de Maio

2/5 sábado
Signo da Lua: Escorpião
Fase da Lua: Cheia
Início LFC: 5h49
Cor: Verde ⊙ Incenso: Lavanda

3/5 domingo
Signo da Lua: Sagitário às 3h35
Fase da Lua: Cheia
Final LFC: 3h35
Cor: Rosa ⊙ Incenso: Sândalo

4/5 segunda-feira
Signo da Lua: Sagitário
Fase da Lua: Cheia
Início LFC: 18h35
Cor: Roxo ⊙ Incenso: Alecrim

5/5 terça-feira
Signo da Lua: Capricórnio às 16h07
Fase da Lua: Cheia
Final LFC: 16h07
Cor: Amarelo ⊙ Incenso: Cedro

6/5 quarta-feira
Signo da Lua: Capricórnio
Fase da Lua: Cheia
Cor: Branco ⊙ Incenso: Patchouli

7/5 quinta-feira
Signo da Lua: Capricórnio
Fase da Lua: Cheia
Início LFC: 11h20
Cor: Azul
Incenso: Jasmim

8/5 sexta-feira
Signo da Lua: Aquário às 4h29
Fase da Lua: Cheia
Final LFC: 4h29
Cor: Laranja ⊙ Incenso: Arruda
Festival da Mente, deusa romana da inteligência e da espirituosidade

9/5 sábado
Signo da Lua: Aquário
Fase da Lua: Minguante às 18h12

Cor: Rosa ⊙ Incenso: Lavanda
Lemúrias, festas romanas para afastar os Lêmures, maus espíritos, celebradas também nos dias 11 e 13 de maio

10/5 domingo
Signo da Lua: Peixes às 14h41
Fase da Lua: Minguante
Início LFC: 2h10
Final LFC: 14h41
Cor: Verde ⊙ Incenso: Alecrim
Dia das Mães

11/5 segunda-feira
Signo da Lua: Peixes
Fase da Lua: Minguante
Cor: Azul ⊙ Incenso: Patchouli

12/5 terça-feira
Signo da Lua: Áries às 21h05
Fase da Lua: Minguante
Início LFC: 7h05
Final LFC: 21h05
Cor: Vermelho ⊙ Incenso: Jasmim
Dia das Mães

13/5 quarta-feira
Signo da Lua: Áries
Fase da Lua: Minguante (**Lua Negra**)
Cor: Branco ⊙ Incenso: Cedro

14/5 quinta-feira
Signo da Lua: Touro às 23h32
Fase da Lua: Minguante (**Lua Negra**)
Início LFC: 18h34
Final LFC: 23h32
Cor: Roxo ⊙ Incenso: Arruda

15/5 sexta-feira
Signo da Lua: Touro
Fase da Lua: Minguante (**Lua Negra**)
Cor: Amarelo ⊙ Incenso: Mirra
Mercuriais, festas romanas em honra de Mercúrio, deus do comércio

16/5 sábado
Signo da Lua: Gêmeos às 23h24
Fase da Lua: Nova às 17h02
Início LFC: 22h03
Final LFC: 23h24
Cor: Laranja ⊙ Incenso: Lavanda

17/5 domingo
Signo da Lua: Gêmeos
Fase da Lua: Nova
Início LFC: 16h37
Cor: Rosa ⊙ Incenso: Sândalo
Festival de Dea Dia, a deusa em seu aspecto cosmos, mãe de todos nós

18/5 segunda-feira
Signo da Lua: Câncer às 22h47
Fase da Lua: Nova
Final LFC: 22h47
Cor: Azul ⊙ Incenso: Patchouli
Dia consagrado a Apolo, deus greco-romano da música, da poesia, da divinação e da luz do sol

19/5 terça-feira
Signo da Lua: Câncer
Fase da Lua: Nova
Cor: Verde ⊙ Incenso: Jasmim

20/5 quarta-feira
Signo da Lua: Leão às 23h49
Fase da Lua: Nova
O Sol entra em Gêmeos às 21h38
Início LFC: 10h28
Final LFC: 23h49
Cor: Vermelho ⊙ Incenso: Alecrim
Dia de Atenas na Grécia

21/5 quinta-feira
Signo da Lua: Leão
Fase da Lua: Nova
Início LFC: 19h07
Cor: Branco ⊙ Incenso: Arruda
Celebração de Maeve, deusa celta da sabedoria da terra

22/5 sexta-feira
Signo da Lua: Leão
Fase da Lua: Nova
Cor: Roxo ⊙ Incenso: Cedro

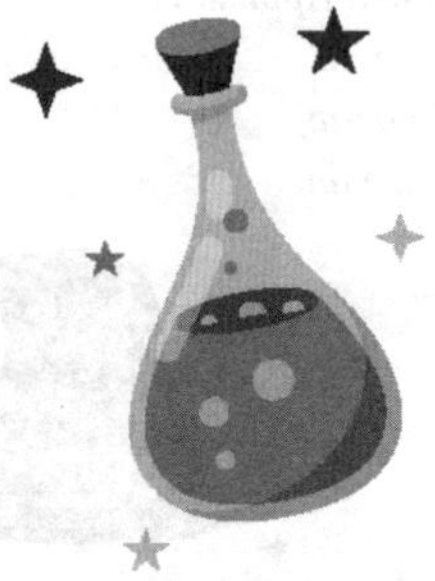

23/5 sábado
Signo da Lua: Virgem às 3h58
Fase da Lua: Crescente às 8h12
Final LFC: 3h58
Cor: Amarelo ⊙ Incenso: Lavanda
Festival das Rosas, em homenagem à deusa romana Flora

24/5 domingo
Signo da Lua: Virgem
Fase da Lua: Crescente
Início LFC: 21h55
Cor: Rosa ⊙ Incenso: Mirra

25/5 segunda-feira
Signo da Lua: Libra às 11h35
Fase da Lua: Crescente
Final LFC: 11h35
Cor: Laranja ⊙ Incenso: Jasmim

26/5 terça-feira
Signo da Lua: Libra
Fase da Lua: Crescente
Cor: Verde ⊙ Incenso: Sândalo

27/5 quarta-feira
Signo da Lua: Escorpião às 21h54
Fase da Lua: Crescente
Início LFC: 8h33
Final LFC: 21h54
Cor: Azul ⊙ Incenso: Alecrim

28/5 quinta-feira
Signo da Lua: Escorpião
Fase da Lua: Crescente
Cor: Vermelho ⊙ Incenso: Patchouli

29/5 sexta-feira
Signo da Lua: Escorpião
Fase da Lua: Crescente
Início LFC: 21h06
Cor: Branco ⊙ Incenso: Lavanda

30/5 sábado
Signo da Lua: Sagitário às 9h46
Fase da Lua: Crescente
Final LFC: 9h46
Cor: Roxo ⊙ Incenso: Mirra

31/5 domingo
Signo da Lua: Sagitário
Fase da Lua: Cheia às 5h46 **(Lua Azul)**
Início LFC: 10h22
Cor: Amarelo ⊙ Incenso: Arruda
Selistérnio romano, festival de Ísis como Stella Maris (Estrela do Mar)

Junho de 2026

Junho, com a chegada do Solstício de Inverno, traz a energia de recolhimento, sabedoria e renascimento. Com o Sol em Gêmeos e depois em Câncer, este é um período propício à comunicação espiritual, cura emocional e conexão com os ancestrais. Divindades como Hermes, Hécate e Ísis guiam os trabalhos com oráculos, intuições e sonhos – ervas como sálvia e cristais como a ametista são aliados poderosos neste período.

1º/6 segunda-feira
Signo da Lua: Capricórnio às 22h20
Fase da Lua: Cheia
Final LFC: 22h20
Cor: Branco ⊙ Incenso: Lavanda
Festival consagrado a Carna, a deusa romana das portas e fechaduras, protetora da vida familiar
Festa romana de Juno Moneta

2/6 terça-feira
Signo da Lua: Capricórnio
Fase da Lua: Cheia
Cor: Roxo ⊙ Incenso: Cedro
Dia consagrado à Mãe Terra, em seu aspecto fértil

3/6 quarta-feira
Signo da Lua: Capricórnio
Fase da Lua: Cheia
Cor: Rosa ⊙ Incenso: Patchouli
Belonárias, festas romanas em honra de Belona, deusa da guerra

4/6 quinta-feira
Signo da Lua: Aquário às 10h47
Fase da Lua: Cheia
Início LFC: 0h05
Final LFC: 10h47
Cor: Azul ⊙ Incenso: Mirra
Corpus Christi

5/6 sexta-feira
Signo da Lua: Aquário
Fase da Lua: Cheia
Início LFC: 16h52
Cor: Amarelo ⊙ Incenso: Lavanda

6/6 sábado
Signo da Lua: Peixes às 21h44
Fase da Lua: Cheia
Final LFC: 21h44
Cor: Verde ⊙ Incenso: Alecrim

7/6 domingo
Signo da Lua: Peixes
Fase da Lua: Cheia
Cor: Vermelho ⊙ Incenso: Sândalo
Vestálias, festas romanas em honra de Vesta, deusa do fogo doméstico

8/6 segunda-feira
Signo da Lua: Peixes
Fase da Lua: Minguante às 7h02
Início LFC: 21h40
Cor: Laranja ⊙ Incenso: Jasmim
Festival romano da consciência, personificada pela deusa Mens, a mente

9/6 terça-feira
Signo da Lua: Áries às 5h35
Fase da Lua: Minguante
Final LFC: 5h35
Cor: Rosa
Incenso: Lavanda

10/6 quarta-feira
Signo da Lua: Áries
Fase da Lua: Minguante
Cor: Azul ⊙ Incenso: Alecrim

11/6 quinta-feira
Signo da Lua: Touro às 9h29
Fase da Lua: Minguante (**Lua Negra**)
Início LFC: 5h23
Final LFC: 9h29
Cor: Branco
Incenso: Cedro
Matrálias, festas romanas em honra de Matuta, padroeira das tias

12/6 sexta-feira
Signo da Lua: Touro
Fase da Lua: Minguante (**Lua Negra**)
Cor: Amarelo ⊙ Incenso: Mirra
Véspera de Santo Antônio, dia tradicional das simpatias de amor
Dia dos Namorados

13/6 sábado
Signo da Lua: Gêmeos às 10h07
Fase da Lua: Minguante (**Lua Negra**)
Início LFC: 4h31
Final LFC: 10h07
Cor: Roxo ⊙ Incenso: Jasmim
Santo Antônio

14/6 domingo
Signo da Lua: Gêmeos
Fase da Lua: Nova às 23h55
Início LFC: 23h55
Cor: Verde ⊙ Incenso: Patchouli

15/6 segunda-feira
Signo da Lua: Câncer às 9h15
Fase da Lua: Nova
Final LFC: 9h15
Cor: Vermelho ⊙ Incenso: Arruda

16/6 terça-feira
Signo da Lua: Câncer
Fase da Lua: Nova
Cor: Laranja ⊙ Incenso: Sândalo

17/6 quarta-feira
Signo da Lua: Leão às 9h06
Fase da Lua: Nova
Início LFC: 4h42
Final LFC: 9h06
Cor: Rosa ⊙ Incenso: Lavanda
Festival romano de Ludi Piscatari, festival dos pescadores

18/6 quinta-feira
Signo da Lua: Leão
Fase da Lua: Nova
Cor: Azul ⊙ Incenso: Alecrim

19/6 sexta-feira
Signo da Lua: Virgem às 11h38
Fase da Lua: Nova
Início LFC: 8h32
Final LFC: 11h38
Cor: Branco ⊙ Incenso: Jasmim
Dia de Cerridween no paganismo

20/6 sábado
Signo da Lua: Virgem
Fase da Lua: Nova
Cor: Amarelo ⊙ Incenso: Cedro

21/6 domingo
Signo da Lua: Libra às 17h56
Fase da Lua: Crescente às 18h57
O Sol entra em Câncer às 5h26
Início do Inverno às 5h26
Início LFC: 14h34
Final LFC: 17h56
Cor: Verde ⊙ Incenso: Arruda
Litha – Solstício de Verão (HN)
Yule – Solstício de Inverno (HS)

22/6 segunda-feira
Signo da Lua: Libra
Fase da Lua: Crescente
Cor: Laranja ⊙ Incenso: Patchouli
Dia de Cu Chulainn no druidismo

23/6 terça-feira
Signo da Lua: Libra
Fase da Lua: Crescente
Cor: Vermelho ⊙ Incenso: Mirra
Véspera de São João, dia tradicional das comemorações do Solstício de Verão no Hemisfério Norte

24/6 quarta-feira
Signo da Lua: Escorpião às 3h44
Fase da Lua: Crescente
Início LFC: 1h12

Final LFC: 3h44
Cor: Roxo ⊙ Incenso: Sândalo
São João

25/6 quinta-feira
Signo da Lua: Escorpião
Fase da Lua: Crescente
Cor: Rosa ⊙ Incenso: Lavanda

26/6 sexta-feira
Signo da Lua: Sagitário às 15h42
Fase da Lua: Crescente
Início LFC: 14h11
Final LFC: 15h42
Cor: Azul ⊙ Incenso: Alecrim

27/6 sábado
Signo da Lua: Sagitário
Fase da Lua: Crescente
Cor: Branco ⊙ Incenso: Jasmim
Início do festival romano de Initium Aestatis, festival do início do verão

28/6 domingo
Signo da Lua: Sagitário
Fase da Lua: Crescente
Início LFC: 2h06
Cor: Amarelo ⊙ Incenso: Patchouli

29/6 segunda-feira
Signo da Lua: Capricórnio às 4h20
Fase da Lua: Cheia às 20h58
Final LFC: 4h20
Cor: Vermelho ⊙ Incenso: Arruda
Dia de São Pedro

30/6 terça-feira
Signo da Lua: Capricórnio
Fase da Lua: Cheia
Cor: Verde ⊙ Incenso: Mirra

Julho de 2026

Julho é um mês regido pela introspecção e pela força emocional trazidas pelo signo de Câncer, seguido por Leão, marcando a transição da sensibilidade à autoconfiança. É tempo de voltar-se para o lar, proteger os laços afetivos e, depois, brilhar com autenticidade. Sob a inspiração de divindades como Ísis, Brighid e Apolo, favorecem-se rituais de proteção familiar, cura ancestral e expressão criativa. Trabalhos com água, conchas e pedras-da-lua são especialmente eficazes.

1º/7 quarta-feira
Signo da Lua: Aquário às 16h34
Fase da Lua: Cheia
Início LFC: 8h52
Final LFC: 16h34
Cor: Laranja ⊙ Incenso: Lavanda

2/7 quinta-feira
Signo da Lua: Aquário
Fase da Lua: Cheia
Cor: Rosa ⊙ Incenso: Alecrim

3/7 sexta-feira
Signo da Lua: Aquário
Fase da Lua: Cheia
Início LFC: 14h29
Cor: Roxo ⊙ Incenso: Jasmim
Festival celta celebrando a deusa Cerridwen, a detentora do caldeirão sagrado

4/7 sábado
Signo da Lua: Peixes às 3h31
Fase da Lua: Cheia
Final LFC: 3h31
Cor: Amarelo ⊙ Incenso: Cedro

5/7 domingo
Signo da Lua: Peixes
Fase da Lua: Cheia
Cor: Branco ⊙ Incenso: Mirra

6/7 segunda-feira
Signo da Lua: Áries às 12h08
Fase da Lua: Cheia
Início LFC: 2h22
Final LFC: 12h08
Cor: Azul ⊙ Incenso: Arruda

7/7 terça-feira
Signo da Lua: Áries
Fase da Lua: Minguante às 16h30
Cor: Vermelho ⊙ Incenso: Patchouli
Festival romano da Consuália, em homenagem a Consus, o deus da colheita

8/7 quarta-feira
Signo da Lua: Touro às 17h32
Fase da Lua: Minguante
Início LFC: 15h43
Final LFC: 17h32
Cor: Verde ⊙ Incenso: Sândalo

9/7 quinta-feira
Signo da Lua: Touro
Fase da Lua: Minguante
Cor: Rosa ⊙ Incenso: Alecrim
Revolução Constitucionalista

10/7 sexta-feira
Signo da Lua: Gêmeos às 19h43
Fase da Lua: Minguante
Início LFC: 7h14
Final LFC: 19h43
Cor: Laranja ⊙ Incenso: lavanda

11/7 sábado
Signo da Lua: Gêmeos
Fase da Lua: Minguante (**Lua Negra**)
Início LFC: 19h13
Cor: Roxo ⊙ Incenso: Sândalo
Dia do deus egípcio Hórus

12/7 domingo
Signo da Lua: Câncer às 19h48
Fase da Lua: Minguante (**Lua Negra**)
Final LFC: 19h48
Cor: Amarelo ⊙ Incenso: Mirra
Dia do deus egípcio Set
Adônia, festa grega do amor

13/7 segunda-feira
Signo da Lua: Câncer
Fase da Lua: Minguante (**Lua Negra**)
Cor: Branco ⊙ Incenso: Jasmim

14/7 terça-feira
Signo da Lua: Leão às 19h36
Fase da Lua: Nova às 6h45
Início LFC: 6h45
Final LFC: 19h36
Cor: Azul ⊙ Incenso: Patchouli

15/7 quarta-feira
Signo da Lua: Leão
Fase da Lua: Nova
Início LFC: 19h28
Cor: Verde ⊙ Incenso: Cedro
Dia da deusa egípcia Néftis

16/7 quinta-feira
Signo da Lua: Virgem às 21h08
Fase da Lua: Nova
Final LFC: 21h08
Cor: Vermelho
Incenso: Arruda

17/7 sexta-feira
Signo da Lua: Virgem
Fase da Lua: Nova
Cor: Rosa ⊙ Incenso: Lavanda
Noite egípcia do Berço

18/7 sábado
Signo da Lua: Virgem
Fase da Lua: Nova
Início LFC: 19h14
Cor: Amarelo ⊙ Incenso: Alecrim
Noite egípcia da Gota

19/7 domingo
Signo da Lua: Libra à 1h58
Fase da Lua: Nova
Final LFC: 1h58
Cor: Laranja ⊙ Incenso: Cedro

20/7 segunda-feira
Signo da Lua: Libra
Fase da Lua: Nova
Cor: Roxo ⊙ Incenso: Jasmim

21/7 terça-feira
Signo da Lua: Escorpião às 10h36
Fase da Lua: Crescente às 8h07
Início LFC: 8h07
Final LFC: 10h36
Cor: Verde ⊙ Incenso: Patchouli

22/7 quarta-feira
Signo da Lua: Escorpião
Fase da Lua: Crescente
O Sol entra em Leão às 16h14
Início LFC: 18h50
Cor: Azul ⊙ Incenso: Arruda

23/7 quinta-feira
Signo da Lua: Sagitário às 22h08
Fase da Lua: Crescente
Final LFC: 22h08
Cor: Branco ⊙ Incenso: Mirra
Neptunais, festas e jogos romanos em honra de Netuno, deus dos mares

24/7 sexta-feira
Signo da Lua: Sagitário
Fase da Lua: Crescente
Cor: Vermelho ⊙ Incenso: Sândalo

25/7 sábado
Signo da Lua: Sagitário

Fase da Lua: Crescente
Início LFC: 11h59
Cor: Rosa ⊙ Incenso: Lavanda

26/7 domingo
Signo da Lua: Capricórnio às 10h45
Fase da Lua: Crescente
Final LFC: 10h45
Cor: Amarelo ⊙ Incenso: Jasmim

27/7 segunda-feira
Signo da Lua: Capricórnio
Fase da Lua: Crescente
Cor: Laranja ⊙ Incenso: Alecrim

28/7 terça-feira
Signo da Lua: Aquário às 22h47
Fase da Lua: Crescente
Início LFC: 3h12
Final LFC: 22h47
Cor: Azul ⊙ Incenso: Cedro

29/7 quarta-feira
Signo da Lua: Aquário
Fase da Lua: Cheia às 11h37 (**Lua Rosa**)
Cor: Roxo ⊙ Incenso: Arruda

30/7 quinta-feira
Signo da Lua: Aquário
Fase da Lua: Cheia
Início LFC: 18h28
Cor: Branco ⊙ Incenso: Patchouli

31/7 sexta-feira
Signo da Lua: Peixes às 9h15
Fase da Lua: Cheia
Final LFC: 9h15
Cor: Vermelho ⊙ Incenso: Mirra

Agosto de 2026

Agosto carrega a chama do poder pessoal e da coragem, sendo iluminado por Leão e depois por Virgem. Neste mês, reverenciamos a colheita, a dedicação e o equilíbrio entre corpo e espírito, sob a bênção de deuses como Lugh, Deméter e Athena. É um período fértil para magias de prosperidade, sabedoria prática e reconhecimento, com o uso de girassóis, trigo, citrinos e ferramentas mágicas consagradas.

1º/8 sábado
Signo da Lua: Peixes
Fase da Lua: Cheia
Cor: verde ⊙ Incenso: lavanda
Festival de Lug, deus-herói celta
Lammas (HN)
Imbolc (HS)

2/8 domingo
Signo da Lua: Áries às 17h38
Fase da Lua: Cheia
Início LFC: 9h34
Final LFC: 17h38
Cor: Rosa
Incenso: Sândalo

2026 CALENDÁRIO

3/8 segunda-feira
Signo da Lua: Áries
Fase da Lua: Cheia
Cor: Azul ☉ Incenso: Alecrim

4/8 terça-feira
Signo da Lua: Touro às 23h37
Fase da Lua: Cheia
Início LFC: 15h53
Final LFC: 23h37
Cor: Amarelo ☉ Incenso: Cedro

5/8 quarta-feira
Signo da Lua: Touro
Fase da Lua: Minguante às 23h23
Cor: Branco ☉ Incenso: Patchouli

6/8 quinta-feira
Signo da Lua: Touro
Fase da Lua: Minguante
Início LFC: 20h26
Cor: Roxo ☉ Incenso: Jasmim

7/8 sexta-feira
Signo da Lua: Gêmeos às 3h09
Fase da Lua: Minguante
Final LFC: 3h09
Cor: Vermelho ☉ Incenso: Arruda
Festa egípcia da Inebriação em honra a Hathor

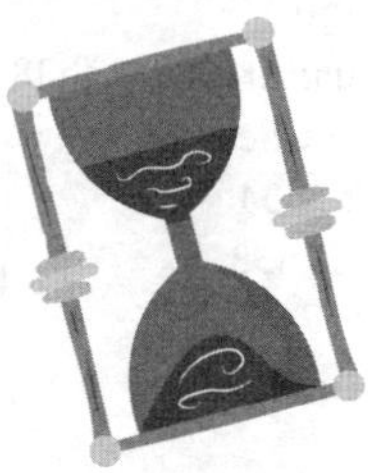

8/8 sábado
Signo da Lua: Gêmeos
Fase da Lua: Minguante
Cor: Laranja ☉ Incenso: Mirra

9/8 domingo
Signo da Lua: Câncer às 4h47
Fase da Lua: Minguante (**Lua Negra**)
Início LFC: 2h28
Final LFC: 4h47
Cor: Rosa ☉ Incenso: Lavanda
Festival dos Espíritos do Fogo no neopaganismo
Dia dos Pais

10/8 segunda-feira
Signo da Lua: Minguante (**Lua Negra**)
Fase da Lua: Cheia
Início LFC: 4h31
Cor: Azul ☉ Incenso: Alecrim

11/8 terça-feira
Signo da Lua: Leão às 5h39
Fase da Lua: Minguante (**Lua Negra**)
Final LFC: 5h39
Cor: Verde ☉ Incenso: Patchouli

12/8 quarta-feira
Signo da Lua: Leão
Fase da Lua: Nova às 14h38
Eclipse total do Sol às 14h38
Início LFC: 14h38
Cor: Vermelho ☉ Incenso: Jasmim
Festival egípcio das Luzes de Ísis

13/8 quinta-feira
Signo da Lua: Virgem às 7h19
Fase da Lua: Nova
Final LFC: 7h19
Início LFC: 16h25
Cor: Branco ⊙ Incenso: Cedro
Festival de Hécate, deusa que protege dos perigos e das maldições

14/8 sexta-feira
Signo da Lua: Virgem
Fase da Lua: Nova
Cor: Roxo ⊙ Incenso: Arruda

15/8 sábado
Signo da Lua: Libra às 11h21
Fase da Lua: Nova
Final LFC: 11h21
Cor: Amarelo ⊙ Incenso: Mirra
Nemorálias romanas, festa das mulheres e da luz

16/8 domingo
Signo da Lua: Libra
Fase da Lua: Nova
Cor: Laranja ⊙ Incenso: Lavanda

17/8 segunda-feira
Signo da Lua: Escorpião às 18h47
Fase da Lua: Nova
Início LFC: 8h32
Final LFC: 18h47
Cor: Rosa
Incenso: Sândalo
Portumnálias, festas romanas em honra de Portumno, deus dos portos

18/8 terça-feira
Signo da Lua: Escorpião
Fase da Lua: Nova
Cor: Azul ⊙ Incenso: Patchouli

19/8 quarta-feira
Signo da Lua: Escorpião
Fase da Lua: Crescente às 23h47
Início LFC: 23h47
Cor: Verde ⊙ Incenso: Jasmim
Vinálias, festas romanas em honra de Vênus, deusa do amor

20/8 quinta-feira
Signo da Lua: Sagitário às 5h31
Fase da Lua: Crescente
Final LFC: 5h31
Cor: Vermelho ⊙ Incenso: Alecrim

21/8 sexta-feira
Signo da Lua: Sagitário
Fase da Lua: Crescente
Cor: Branco ⊙ Incenso: Arruda
Consuálias, festas romanas em honra de Conso, deus do conselho

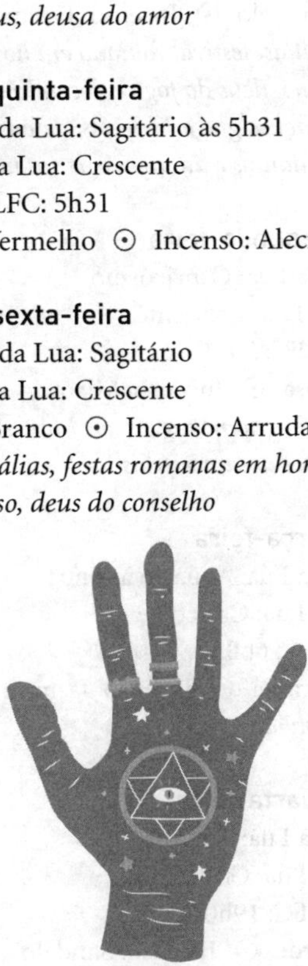

2026
CALENDÁRIO

22/8 sábado
Signo da Lua: Capricórnio às 18h
Fase da Lua: Crescente
O Sol entra em Virgem às 23h20
Início LFC: 17h32
Final LFC: 18h
Cor: Roxo ⊙ Incenso: Cedro

23/8 domingo
Signo da Lua: Capricórnio
Fase da Lua: Crescente
Cor: Amarelo ⊙ Incenso: Lavanda
Vulcanálias, festival romano em honra de Vulcano, deus do fogo e dos vulcões
Dia da deusa grega Nêmesis, defensora das relíquias e da memória dos mortos

24/8 segunda-feira
Signo da Lua: Capricórnio
Fase da Lua: Crescente
Início LFC: 3h31
Cor: Rosa ⊙ Incenso: Mirra
Festival em homenagem aos Manes, espíritos dos ancestrais

25/8 terça-feira
Signo da Lua: Aquário às 6h03
Fase da Lua: Crescente
Final LFC: 6h03
Cor: Laranja ⊙ Incenso: Jasmim
Opiconsívias

26/8 quarta-feira
Signo da Lua: Aquário
Fase da Lua: Crescente
Início LFC: 19h01
Cor: Verde ⊙ Incenso: Sândalo

27/8 quinta-feira
Signo da Lua: Peixes às 16h05
Fase da Lua: Crescente
Final LFC: 16h05
Cor: Azul ⊙ Incenso: Alecrim

28/8 sexta-feira
Signo da Lua: Peixes
Fase da Lua: Cheia à 1h20
Início LFC: 13h15
Cor: Vermelho ⊙ Incenso: Patchouli

29/8 sábado
Signo da Lua: Áries às 23h39
Fase da Lua: Cheia
Final LFC: 23h39
Cor: Branco ⊙ Incenso: Lavanda

30/8 domingo
Signo da Lua: Áries
Fase da Lua: Cheia
Cor: Roxo ⊙ Incenso: Mirra

31/8 segunda-feira
Signo da Lua: Áries
Fase da Lua: Cheia
Início LFC: 16h48
Cor: Amarelo ⊙ Incenso: Arruda

Setembro de 2026

Setembro começa com o Sol em Virgem, favorecendo rituais de cura, ordem e produtividade. A partir da entrada do Sol em Libra, os trabalhos voltam-se para harmonia, amor e equilíbrio. É um ótimo período para encantamentos de beleza, reconciliação e limpeza energética. O mês é regido por divindades como Athena e Oxum, e seus elementos simbólicos incluem o quartzo rosa, folhas secas e aromas suaves, como lavanda.

1º/9 terça-feira
Signo da Lua: Touro às 5h02
Fase da Lua: Cheia
Final LFC: 5h02
Cor: Laranja ⊙ Incenso: Lavanda

2/9 quarta-feira
Signo da Lua: Touro
Fase da Lua: Cheia
Início LFC: 7h48
Cor: Rosa ⊙ Incenso: Alecrim
Festejos a Ariadne e a Dioniso na Grécia

3/9 quinta-feira
Signo da Lua: Gêmeos às 8h48
Fase da Lua: Cheia
Final LFC: 8h48
Cor: Roxo ⊙ Incenso: Jasmim

4/9 sexta-feira
Signo da Lua: Gêmeos
Fase da Lua: Minguante às 4h52
Cor: Amarelo ⊙ Incenso: Cedro

5/9 sábado
Signo da Lua: Câncer às 11h32
Fase da Lua: Minguante
Início LFC: 5h41
Final LFC: 11h32
Cor: Branco ⊙ Incenso: Mirra

6/9 domingo
Signo da Lua: Câncer
Fase da Lua: Minguante
Cor: Azul ⊙ Incenso: Arruda

7/9 segunda-feira
Signo da Lua: Leão às 13h51
Fase da Lua: Minguante
Início LFC: 10h41
Final LFC: 13h51
Cor: Vermelho
Incenso: Patchouli
Independência do Brasil

8/9 terça-feira
Signo da Lua: Leão
Fase da Lua: Minguante (**Lua Negra**)
Cor: Verde ⊙ Incenso: Sândalo

9/9 quarta-feira
Signo da Lua: Virgem às 16h36
Fase da Lua: Minguante (**Lua Negra**)
Início LFC: 15h59
Final LFC: 16h36
Cor: Rosa ⊙ Incenso: Alecrim

10/9 quinta-feira
Signo da Lua: Virgem
Fase da Lua: Minguante (**Lua Negra**)
Cor: Laranja ⊙ Incenso: Lavanda

11/9 sexta-feira
Signo da Lua: Libra às 20h53
Fase da Lua: Nova à 0h28
Início LFC: 2h53
Final LFC: 20h53
Cor: Roxo ⊙ Incenso: Sândalo
Dias das Rainhas no Egito

12/9 sábado
Signo da Lua: Libra
Fase da Lua: Nova
Cor: Amarelo ⊙ Incenso: Mirra

13/9 domingo
Signo da Lua: Libra
Fase da Lua: Nova
Início LFC: 11h28
Cor: Branco ⊙ Incenso: Jasmim
Festival romano do Lectistérnio, em homenagem a Júpiter, Juno e Minerva, praticado nos tempos de calamidade pública

14/9 segunda-feira
Signo da Lua: Escorpião às 3h45
Fase da Lua: Nova
Final LFC: 3h45
Cor: Azul
Incenso: Patchouli

15/9 terça-feira
Signo da Lua: Escorpião
Fase da Lua: Nova
Cor: Verde ⊙ Incenso: Cedro

16/9 quarta-feira
Signo da Lua: Sagitário às 13h42
Fase da Lua: Nova
Início LFC: 0h31
Final LFC: 13h42
Cor: Vermelho ⊙ Incenso: Arruda

17/9 quinta-feira
Signo da Lua: Sagitário
Fase da Lua: Nova
Cor: Rosa ⊙ Incenso: Lavanda
Honras a Deméter na Grécia
Celebração egípcia do aniversário de Hathor

18/9 sexta-feira
Signo da Lua: Sagitário
Fase da Lua: Crescente às 17h45
Início LFC: 17h45
Cor: Amarelo ⊙ Incenso: Alecrim

19/9 sábado
Signo da Lua: Capricórnio à 1h56
Fase da Lua: Crescente
Final LFC: 1h56
Cor: Laranja ⊙ Incenso: Cedro
Festival egípcio em honra a Thoth, deus da sabedoria e da magia

20/9 domingo
Signo da Lua: Capricórnio
Fase da Lua: Crescente
Cor: Roxo ⊙ Incenso: Jasmim

21/9 segunda-feira
Signo da Lua: Aquário às 14h16
Fase da Lua: Crescente
Início LFC: 11h33
Final LFC: 14h16
Cor: Verde ⊙ Incenso: Patchouli
Festival egípcio da Vida Divina, dedicado à deusa tríplice
Mistérios Eleusinos Maiores

22/9 terça-feira
Signo da Lua: Aquário
Fase da Lua: Crescente
O Sol entra em Libra às 21h06
Início da Primavera às 21h06
Cor: Azul ⊙ Incenso: Arruda
Mabon – Equinócio de Outono (HN)
Ostara – Equinócio de Primavera (HS)

23/9 quarta-feira
Signo da Lua: Aquário
Fase da Lua: Crescente
Início LFC: 5h19
Cor: Branco ⊙ Incenso: Mirra

24/9 quinta-feira
Signo da Lua: Peixes à 0h25
Fase da Lua: Crescente
Final LFC: 0h25
Cor: Vermelho ⊙ Incenso: Sândalo

25/9 sexta-feira
Signo da Lua: Peixes
Fase da Lua: Crescente
Cor: Rosa ⊙ Incenso: Lavanda

26/9 sábado
Signo da Lua: Áries às 7h24
Fase da Lua: Cheia às 13h50
Início LFC: 5h33
Final LFC: 7h24
Cor: Amarelo ⊙ Incenso: Jasmim
Festival chinês a Chang-O, deusa da Lua

27/9 domingo
Signo da Lua: Áries
Fase da Lua: Cheia
Cor: Laranja ⊙ Incenso: Alecrim

28/9 segunda-feira
Signo da Lua: Touro às 11h41
Fase da Lua: Cheia
Início LFC: 6h52
Final LFC: 11h41
Cor: Azul ⊙ Incenso: Cedro
Festival a Deméter na Grécia

29/9 terça-feira
Signo da Lua: Touro
Fase da Lua: Cheia
Início LFC: 20h37
Cor: Roxo ⊙ Incenso: Arruda

30/9 quarta-feira
Signo da Lua: Gêmeos às 14h27
Fase da Lua: Cheia
Final LFC: 14h27
Cor: Branco ⊙ Incenso: Patchouli
Dia de oferendas a Medetrina, deusa romana da medicina

2026
CALENDÁRIO

Outubro de 2026

Outubro se inicia em Libra e segue com a entrada do Sol em Escorpião, intensificando as práticas ligadas à magia ancestral, mistérios ocultos e proteção espiritual. É um mês poderoso para divinação e transformações interiores. Samhain é celebrado no Hemisfério Norte, marcando o fim do ciclo da colheita. Hécate, Anúbis e Morrigan são invocados nesta fase. Os símbolos incluem caldeirão, vela roxa, cartas de tarô e cristais de obsidiana.

1º/10 quinta-feira
Signo da Lua: Gêmeos
Fase da Lua: Cheia
Início LFC: 23h43
Cor: Vermelho ⊙ Incenso: Mirra
Festival de Fidius, deusa romana da boa-fé

2/10 sexta-feira
Signo da Lua: Câncer às 16h55
Fase da Lua: Cheia
Final LFC: 16h55
Cor: Verde ⊙ Incenso: Lavanda
Dia dos Guias Espirituais na Wicca

3/10 sábado
Signo da Lua: Câncer
Fase da Lua: Minguante às 10h26
Início LFC: 12h10
Cor: Rosa
Incenso: Sândalo
Festival de Dioniso
Festa egípcia das Lamentações

4/10 domingo
Signo da Lua: Leão às 19h55
Fase da Lua: Minguante
Final LFC: 19h55
Cor: Roxo ⊙ Incenso: Alecrim
Cerimônia a Ceres, deusa da agricultura

5/10 segunda-feira
Signo da Lua: Leão
Fase da Lua: Minguante
Cor: Amarelo ⊙ Incenso: Cedro

6/10 terça-feira
Signo da Lua: Virgem às 23h54
Fase da Lua: Minguante
Início LFC: 7h23
Final LFC: 23h54
Cor: Branco ⊙ Incenso: Patchouli

7/10 quarta-feira
Signo da Lua: Virgem
Fase da Lua: Minguante (**Lua Negra**)
Início LFC: 15h58
Cor: Azul
Incenso: Jasmim

8/10 quinta-feira
Signo da Lua: Virgem
Fase da Lua: Minguante (**Lua Negra**)
Cor: Laranja ⊙ Incenso: Arruda
Chung Yeung, festival da sorte na China

9/10 sexta-feira
Signo da Lua: Libra às 5h12
Fase da Lua: Minguante (**Lua Negra**)
Final LFC: 5h12
Cor: Rosa ⊙ Incenso: Lavanda
Festa de Felicidade, deusa romana da sorte e da alegria

10/10 sábado
Signo da Lua: Libra
Fase da Lua: Nova às 12h51
Início LFC: 20h08
Cor: Verde ⊙ Incenso: Alecrim

11/10 domingo
Signo da Lua: Escorpião às 12h22
Fase da Lua: Nova
Final LFC: 12h22
Cor: Azul ⊙ Incenso: Patchouli
Dia da Anciã das Árvores na Wicca
Meditrinálias, festas romanas em honra de Meditrina, deusa da cura

12/10 segunda-feira
Signo da Lua: Escorpião
Fase da Lua: Nova
Cor: Vermelho ⊙ Incenso: Jasmim
Festival da Fortuna Redux, deusa romana das viagens e dos retornos seguros
Dia de Nossa Senhora Aparecida

13/10 terça-feira
Signo da Lua: Sagitário às 22h01
Fase da Lua: Nova
Início LFC: 5h47
Final LFC: 22h01
Cor: Branco ⊙ Incenso: Cedro
Fontinálias, festas romanas em honra das ninfas das fontes

14/10 quarta-feira
Signo da Lua: Sagitário
Fase da Lua: Nova
Cor: Roxo ⊙ Incenso: Arruda

15/10 quinta-feira
Signo da Lua: Sagitário
Fase da Lua: Nova
Início LFC: 18h57
Cor: Amarelo ⊙ Incenso: Mirra
Festival de Marte, deus romano da guerra

16/10 sexta-feira
Signo da Lua: Capricórnio às 9h58
Fase da Lua: Nova
Final LFC: 9h58
Cor: Laranja ⊙ Incenso: Lavanda

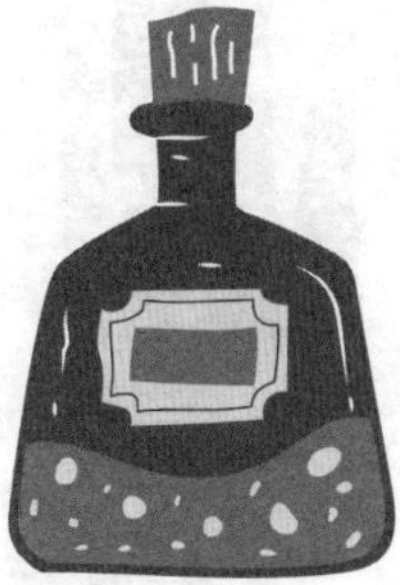

17/10 sábado
Signo da Lua: Capricórnio
Fase da Lua: Nova
Cor: Rosa ⊙ Incenso: Sândalo

18/10 domingo
Signo da Lua: Aquário às 22h41
Fase da Lua: Crescente às 13h14
Início LFC: 13h14
Final LFC: 22h41
Cor: Azul ⊙ Incenso: Patchouli
Dia do Deus Astado na Wicca gardneriana

19/10 segunda-feira
Signo da Lua: Aquário
Fase da Lua: Crescente
Cor: Verde ⊙ Incenso: Jasmim
Armilústrio, festas romanas em honra de Marte, deus da guerra

20/10 terça-feira
Signo da Lua: Aquário
Fase da Lua: Crescente
Cor: Vermelho ⊙ Incenso: Alecrim

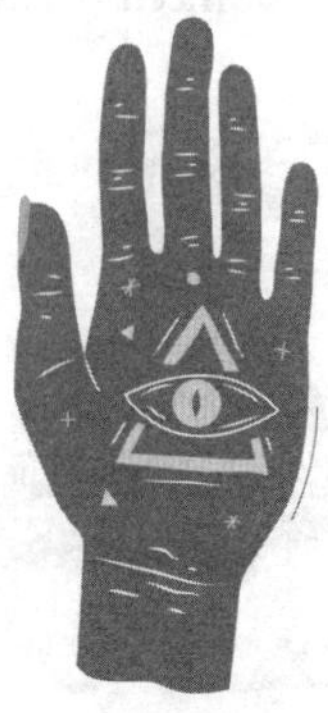

21/10 quarta-feira
Signo da Lua: Peixes às 9h36
Fase da Lua: Crescente
Início LFC: 5h43
Final LFC: 9h36
Cor: Branco ⊙ Incenso: Arruda

22/10 quinta-feira
Signo da Lua: Peixes
Fase da Lua: Crescente
Cor: Roxo ⊙ Incenso: Cedro

23/10 sexta-feira
Signo da Lua: Áries às 16h55
Fase da Lua: Crescente
O Sol entra em Escorpião às 6h39
Início LFC: 0h32
Final LFC: 16h55
Cor: Amarelo ⊙ Incenso: Lavanda

24/10 sábado
Signo da Lua: Áries
Fase da Lua: Crescente
Cor: Rosa ⊙ Incenso: Mirra
Festival do Espírito dos Ares na Wicca e no neopaganismo

25/10 domingo
Signo da Lua: Touro às 20h36
Fase da Lua: Crescente
Início LFC: 20h01
Final LFC: 20h36
Cor: Laranja ⊙ Incenso: Jasmim

26/10 segunda-feira
Signo da Lua: Touro
Fase da Lua: Cheia à 1h13 (**Lua Rosa**)
Cor: Verde ⊙ Incenso: Sândalo

27/10 terça-feira
Signo da Lua: Gêmeos às 22h03
Fase da Lua: Cheia
Início LFC: 11h52
Final LFC: 22h03
Cor: Azul ⊙ Incenso: Alecrim

28/10 quarta-feira
Signo da Lua: Gêmeos
Fase da Lua: Cheia
Cor: Vermelho ⊙ Incenso: Patchouli
Festival em honra de Ísis no Egito

29/10 quinta-feira
Signo da Lua: Câncer às 23h07
Fase da Lua: Cheia
Início LFC: 18h45
Final LFC: 23h07
Cor: Branco ⊙ Incenso: Lavanda

30/10 sexta-feira
Signo da Lua: Câncer
Fase da Lua: Cheia
Cor: Roxo ⊙ Incenso: Mirra

31/10 sábado
Signo da Lua: Câncer
Fase da Lua: Cheia
Início LFC: 19h01
Cor: Amarelo ⊙ Incenso: Arruda
Samhain – Halloween (HN)
Beltane (HS)

Novembro de 2026

Novembro começa sob a influência do Sol em Escorpião, um período ideal para magias de renascimento, proteção, banimento e aprofundamento espiritual. A entrada do Sol em Sagitário traz expansão, sabedoria e otimismo aos rituais. É tempo de buscar visões, planejar o futuro e trabalhar com magias de conhecimento e libertação. Divindades como Hécate, Kali e Odin são honradas, e os elementos sagrados do mês incluem flechas, livros, fogo e ametista.

1º/11 domingo
Signo da Lua: Leão à 1h19
Fase da Lua: Minguante às 17h30
Final LFC: 1h19
Cor: Laranja ⊙ Incenso: Lavanda
Cailleach's Reign, festival em honra da antiga deusa-anciã celta
Dia de Todos os Santos

2/11 segunda-feira
Signo da Lua: Leão
Fase da Lua: Minguante
Início LFC: 21h12
Cor: Rosa ⊙ Incenso: Alecrim
Dia das Feiticeiras na Ibéria
Dia de Finados

3/11 terça-feira
Signo da Lua: Virgem às 5h29
Fase da Lua: Minguante
Final LFC: 5h29
Cor: Amarelo ⊙ Incenso: Cedro

4/11 quarta-feira
Signo da Lua: Virgem
Fase da Lua: Minguante
Início LFC: 3h59
Cor: Roxo ⊙ Incenso: Jasmim

5/11 quinta-feira
Signo da Lua: Libra às 11h39
Fase da Lua: Minguante
Final LFC: 11h39
Cor: Branco ⊙ Incenso: Mirra

6/11 sexta-feira
Signo da Lua: Libra
Fase da Lua: Minguante (**Lua Negra**)
Cor: Azul ⊙ Incenso: Arruda
Festival à deusa babilônica Tiamat

7/11 sábado
Signo da Lua: Escorpião às 19h41
Fase da Lua: Minguante (**Lua Negra**)
Início LFC: 10h21
Final LFC: 19h41
Cor: Vermelho ⊙ Incenso: Patchouli
Noite da deusa grega Hécate, na Wicca gardneriana

8/11 domingo
Signo da Lua: Escorpião
Fase da Lua: Minguante (**Lua Negra**)
Cor: Verde ⊙ Incenso: Sândalo
Festival romano de Mania, em comemoração aos Manes, espíritos do mundo subterrâneo.

9/11 segunda-feira
Signo da Lua: Escorpião
Fase da Lua: Nova às 4h03
Início LFC: 20h26
Cor: Rosa ⊙ Incenso: Alecrim

10/11 terça-feira
Signo da Lua: Sagitário às 5h37
Fase da Lua: Nova
Final LFC: 5h37
Cor: Laranja ⊙ Incenso: Lavanda

11/11 quarta-feira
Signo da Lua: Sagitário
Fase da Lua: Nova
Cor: Roxo ⊙ Incenso: Sândalo
Lunantshees, festival em honra do povo das fadas na Irlanda

12/11 quinta-feira
Signo da Lua: Capricórnio às 17h28
Fase da Lua: Nova

Início LFC: 8h30
Final LFC: 17h28
Cor: Amarelo ⊙ Incenso: Mirra

13/11 sexta-feira
Signo da Lua: Capricórnio
Fase da Lua: Nova
Cor: Branco ⊙ Incenso: Jasmim
Festival romano em honra de Júpiter
Festival romano em honra de Ferônia, a deusa protetora dos libertos

14/11 sábado
Signo da Lua: Capricórnio
Fase da Lua: Nova
Início LFC: 13h57
Cor: Azul ⊙ Incenso: Patchouli
Festival dos Bardos no druidismo

15/11 domingo
Signo da Lua: Aquário às 6h25
Fase da Lua: Nova
Final LFC: 6h25
Cor: Verde ⊙ Incenso: Cedro
Ferônia, festival pagão do fogo
Proclamação da República

16/11 segunda-feira
Signo da Lua: Aquário
Fase da Lua: Nova
Cor: Vermelho ⊙ Incenso: Arruda
Festival das Luzes, que marca o ano-novo hindu

17/11 terça-feira
Signo da Lua: Peixes às 18h21
Fase da Lua: Crescente às 8h49
Início LFC: 11h27
Final LFC: 18h21
Cor: Rosa ⊙ Incenso: Lavanda

18/11 quarta-feira
Signo da Lua: Peixes
Fase da Lua: Crescente
Cor: Amarelo ⊙ Incenso: Alecrim
Ardvi Sura, festival em honra da deusa persa Aerdi, a Mãe das Estrelas

19/11 quinta-feira
Signo da Lua: Peixes
Fase da Lua: Crescente
Início LFC: 22h47
Final LFC: 2h53
Cor: Laranja ⊙ Incenso: Cedro

20/11 sexta-feira
Signo da Lua: Áries às 2h53
Fase da Lua: Crescente
Final LFC: 2h53
Cor: Roxo ⊙ Incenso: Jasmim
Dia de Zumbi e da Consciência Negra

21/11 sábado
Signo da Lua: Áries
Fase da Lua: Crescente
Cor: Verde
Incenso: Patchouli
Celebração da deusa celta Cailleach, senhora da noite e da morte

22/11 domingo
Signo da Lua: Touro às 7h11
Fase da Lua: Crescente
O Sol entra em Sagitário às 4h24
Início LFC: 4h40
Final LFC: 7h11
Cor: Azul ⊙ Incenso: Arruda
Dia dedicado à deusa greco-romana Ártemis/Diana

23/11 segunda-feira
Signo da Lua: Touro
Fase da Lua: Crescente
Cor: Branco ⊙ Incenso: Mirra

24/11 terça-feira
Signo da Lua: Gêmeos às 8h11
Fase da Lua: Cheia às 11h55
Início LFC: 7h10
Final LFC: 8h11
Cor: Vermelho ⊙ Incenso: Sândalo
Tori No Ichi, festival da Boa Fortuna no Japão
Festa a Baba Yaga
Honras às deusas egípcias da maternidade

25/11 quarta-feira
Signo da Lua: Gêmeos
Fase da Lua: Cheia
Cor: Rosa ⊙ Incenso: Lavanda
Dia consagrado a Perséfone, deusa dos subterrâneos

26/11 quinta-feira
Signo da Lua: Câncer às 7h52
Fase da Lua: Cheia
Início LFC: 2h25
Final LFC: 7h52
Cor: Amarelo ⊙ Incenso: Jasmim
Antigo festival em honra das deusas do fogo no Tibete

27/11 sexta-feira
Signo da Lua: Câncer
Fase da Lua: Cheia
Cor: Laranja ⊙ Incenso: Alecrim
Parvati Devi, festas em honra da deusa tríplice hindu

28/11 sábado
Signo da Lua: Leão às 8h22
Fase da Lua: Cheia
Início LFC: 2h41
Final LFC: 8h22
Cor: Azul ⊙ Incenso: Cedro
Festival em honra a Sofia, deusa grega do conhecimento

29/11 domingo
Signo da Lua: Leão
Fase da Lua: Cheia
Cor: Roxo ⊙ Incenso: Arruda

30/11 segunda-feira
Signo da Lua: Virgem às 11h14
Fase da Lua: Cheia
Início LFC: 7h12
Final LFC: 11h14
Cor: Branco ⊙ Incenso: Patchouli

Dezembro de 2026

Dezembro tem início com o Sol em Sagitário, impulsionando magias de crescimento interior, viagens e espiritualidade. Após a entrada do Sol em Capricórnio, as energias favorecem estrutura, realização e perseverança. Celebra-se o Yule no Hemisfério Norte, com rituais de renascimento da luz e esperança. Deuses como Saturno e Baldur são reverenciados. Símbolos associados ao mês incluem pinhas, velas douradas, azevinho, canela e cristais de quartzo branco.

1º/12 terça-feira
Signo da Lua: Virgem
Fase da Lua: Minguante às 3h10
Cor: Vermelho
Incenso: Mirra
Festival de Posêidon, deus grego do mar e do renascimento

2/12 quarta-feira
Signo da Lua: Libra às 17h05
Fase da Lua: Minguante
Início LFC: 6h12
Final LFC: 17h05
Cor: Verde ⊙ Incenso: Lavanda
Hari Kugo, dia das feiticeiras no Japão

3/12 quinta-feira
Signo da Lua: Libra
Fase da Lua: Minguante
Cor: Rosa ⊙ Incenso: Sândalo
Dia da Bona Dea, a deusa da bondade

4/12 sexta-feira
Signo da Lua: Libra
Fase da Lua: Minguante
Início LFC: 19h42
Cor: Roxo ⊙ Incenso: Alecrim
Minerválias, festival em honra da deusa romana Minerva

5/12 sábado-feira
Signo da Lua: Escorpião às 1h36
Fase da Lua: Minguante (**Lua Negra**)
Final LFC: 1h36
Cor: Amarelo ⊙ Incenso: Cedro
Festival em honra do deus grego Posêidon
Festejos à deusa Lucina, senhora da Luz e dos Infantes na Itália

6/12 domingo
Signo da Lua: Escorpião
Fase da Lua: Minguante (**Lua Negra**)
Cor: Branco ⊙ Incenso: Patchouli

7/12 segunda-feira
Signo da Lua: Sagitário às 12h08
Fase da Lua: Minguante (**Lua Negra**)

Início LFC: 6h09
Final LFC: 12h08
Cor: Azul ⊙ Incenso: Jasmim

8/12 terça-feira
Signo da Lua: Sagitário
Fase da Lua: Nova às 21h53
Cor: Laranja ⊙ Incenso: Arruda
Festival em honra da deusa egípcia Neit e dia sagrado de Astraea, deusa grega da justiça

9/12 quarta-feira
Signo da Lua: Sagitário
Fase da Lua: Nova
Início LFC: 18h07
Cor: Rosa ⊙ Incenso: Lavanda

10/12 quinta-feira
Signo da Lua: Capricórnio à 0h10
Fase da Lua: Nova
Final LFC: 0h10
Início LFC: 16h14
Cor: Verde ⊙ Incenso: Alecrim
Festival romano de Lux Mundi, a Luz do Mundo e epíteto da deusa da Liberdade

11/12 sexta-feira
Signo da Lua: Capricórnio
Fase da Lua: Nova
Cor: Azul
Incenso: Patchouli

12/12 sábado
Signo da Lua: Aquário às 13h07
Fase da Lua: Nova
Final LFC: 13h07
Cor: Vermelho ⊙ Incenso: Jasmim

13/12 domingo
Signo da Lua: Aquário
Fase da Lua: Nova
Cor: Branco ⊙ Incenso: Cedro
Dia de Santa Lúcia, ou Pequeno Yule, festival das luzes

14/12 segunda-feira
Signo da Lua: Aquário
Fase da Lua: Nova
Início LFC: 19h41
Cor: Roxo ⊙ Incenso: Arruda

15/12 terça-feira
Signo da Lua: Peixes à 1h37
Fase da Lua: Nova
Final LFC: 1h37
Cor: Amarelo ⊙ Incenso: Mirra

16/12 quarta-feira
Signo da Lua: Peixes
Fase da Lua: Nova
Cor: Laranja ⊙ Incenso: Lavanda

17/12 quinta-feira
Signo da Lua: Áries às 11h36
Fase da Lua: Crescente às 2h44
Início LFC: 2h44
Final LFC: 11h36
Cor: Rosa ⊙ Incenso: Sândalo
Saturnais, festival em honra de Saturno

18/12 sexta-feira
Signo da Lua: Áries
Fase da Lua: Crescente
Cor: Azul ⊙ Incenso: Patchouli

19/12 sábado
Signo da Lua: Touro às 17h31
Fase da Lua: Crescente
Início LFC: 13h41
Final LFC: 17h31
Cor: Verde ⊙ Incenso: Jasmim
Eponália, dia dedicado à deusa romana Epona, patrona dos cavalos

20/12 domingo
Signo da Lua: Touro
Fase da Lua: Crescente
Cor: Vermelho ⊙ Incenso: Alecrim
Opálias, festas romanas em honra de Ops, deusa da abundância

21/12 segunda-feira
Signo da Lua: Gêmeos às 19h28
Fase da Lua: Crescente
O Sol entra em Capricórnio às 17h51
Início do Verão às 17h51
Início LFC: 14h27
Final LFC: 19h28
Cor: Branco ⊙ Incenso: Arruda
Ageronaias, festas romanas em honra de Angerona, deusa das cidades e dos campos
Yule – Solstício de Inverno (HN)
Litha – Solstício de Verão (HS)

22/12 terça-feira
Signo da Lua: Gêmeos
Fase da Lua: Crescente
Cor: Roxo ⊙ Incenso: Cedro
Laurentálias, festas romanas em honra de Aça Laurência, ama de Rômulo e Remo

23/12 quarta-feira
Signo da Lua: Câncer às 19h
Fase da Lua: Cheia às 22h29
Início LFC: 14h02
Final LFC: 19h
Cor: Amarelo ⊙ Incenso: Lavanda

24/12 quinta-feira
Signo da Lua: Câncer
Fase da Lua: Cheia
Início LFC: 21h11
Cor: Rosa ⊙ Incenso: Mirra

25/12 sexta-feira
Signo da Lua: Leão às 18h13
Fase da Lua: Cheia
Final LFC: 18h13
Cor: Laranja ⊙ Incenso: Jasmim
Natal

26/12 sábado
Signo da Lua: Leão
Fase da Lua: Cheia
Cor: Verde ⊙ Incenso: Sândalo

27/12 domingo
Signo da Lua: Virgem às 19h14
Fase da Lua: Cheia
Início LFC: 13h40
Final LFC: 19h14
Cor: Azul ⊙ Incenso: Alecrim
Nascimento de Freia, deusa nórdica da fertilidade, da beleza e do amor

28/12 segunda-feira
Signo da Lua: Virgem
Fase da Lua: Cheia
Cor: Vermelho ⊙ Incenso: Patchouli

29/12 terça-feira
Signo da Lua: Libra às 23h28
Fase da Lua: Cheia
Início LFC: 7h19
Final LFC: 23h28
Cor: Branco ⊙ Incenso: Lavanda

30/12 quarta-feira
Signo da Lua: Libra
Fase da Lua: Minguante às 16h01 (**2ª Minguante do mês**)
Cor: Roxo ⊙ Incenso: Mirra

31/12 quinta-feira
Signo da Lua: Libra
Fase da Lua: Minguante
Cor: Amarelo ⊙ Incenso: Arruda
Véspera de Ano-Novo

Obs.: Fontes das datas festivas: *O Anuário da Grande Mãe*, de Mirella Faur; *Calendário Vida e Magia*, de Eddie Van Feu; *Dicionário da Mitologia Latina*, de Tassilo Orpheu Spalding, Editora Cultrix; *Dicionário da Mitologia Grega*, Ruth Guimarães, Editora Cultrix; *O Caminho da Deusa*, Patricia Monaghan, Editora Pensamento.

Seu Mapa do Tesouro

Embora o fenômeno da manifestação exista desde os primórdios da humanidade, a prática consciente de manifestar tem despertado crescente interesse na sociedade atual.

Um método conhecido para trazer aspectos do plano energético para o físico é criar um "quadro visionário". Talvez você já tenha feito um! Trata-se de uma colagem de imagens e afirmações escolhidas para representar metas e sonhos, e que funciona como um lembrete visual que motiva e apoia o processo de manifestação.

Para quem tem afinidade com práticas mágicas, é possível ir além dessa ideia com o "Mapa do Tesouro". Semelhante ao quadro visionário, ele também é uma colagem de imagens e afirmações, mas criado com mais intenção e elementos ritualísticos, tornando-o energeticamente mais poderoso e, como consequência, mais eficaz.

O que Torna o Mapa do Tesouro Diferente?

Embora o Mapa do Tesouro seja semelhante ao quadro visionário tradicional, dois elementos principais o diferenciam: a época em que será criado e a sua organização.

A época é um fator determinante. O Mapa deve ser criado no período de duas semanas entre a Lua Nova em Áries e a Lua Cheia em Libra — nem antes, nem depois. É claro que um quadro visionário pode ser feito a qualquer momento do ano, mas a intenção do Mapa do Tesouro é canalizar a energia iniciadora de Áries e a força da primeira lunação do novo ano astrológico. Como as datas e horários da Lua Nova e da Lua Cheia mudam a cada ano, é importante verificar essas informações no Calendário do *Almanaque Wicca*.

A organização é outro componente essencial. Existem várias formas de estruturar o mapa, e cada pessoa pode escolher aquela com que mais se identifica. O objetivo de qualquer estrutura é criar uma representação equilibrada da vida, sem dar ênfase exagerada ou negligenciar nenhuma área importante.

Como Criar o seu Mapa do Tesouro

Antes de começar seu Mapa do Tesouro, um pouco de preparação nas semanas que antecedem a Lua Nova em Áries ajudará bastante. Ao longo do mês, faça um inventário da sua vida — sua casa, hábitos, pensamentos, trabalho, finanças e relacionamentos. Se

encontrar algo em que reconheça um "acúmulo" desnecessário — seja físico, mental ou energético — livre-se disso! Doe, recicle, limpe e organize seu espaço. Essa limpeza é essencial.

Enquanto avalia outras áreas da sua vida, reflita sobre o que agrega valor e o que atrapalha. Se algo puder ser mudado ou deixado para trás, faça isso. Para o que não pode ser descartado, apenas reconheça e use essa consciência a fim de visualizar o que deseja transformar. Essas percepções serão úteis na escolha das imagens para o seu mapa.

Materiais

- ✓ 1 cartolina (o branco é neutro, mas escolha a cor que mais o atrair)
- ✓ Papel sulfite e impressora colorida (caso vá imprimir imagens da internet)
- ✓ Tesoura
- ✓ Cola
- ✓ Caneta ou marcador

Imagens

As imagens são o principal elemento do Mapa do Tesouro. Elas devem ser escolhidas com intenção, pois representam o que você quer atrair e manifestar no ano que começa. Você pode meditar previamente sobre o que deseja incluir, mas é importante esperar a Lua Nova em Áries passar para começar a escolher as imagens. Essa lunação tem uma energia poderosa que influencia nossa conexão com certos símbolos.

Onde Buscar Imagens

1. **Internet**: Use o Google, Pinterest, Instagram ou outras redes visuais. Salve as imagens que chamarem a sua atenção, organize-as num documento para ajustar o tamanho e imprimir com economia.
2. **Revistas**: Se preferir evitar as telas, você pode recortar imagens de revistas — pode ser mais demorado, mas é uma boa opção para quem gosta de métodos mais artesanais.

Como Selecionar as Imagens

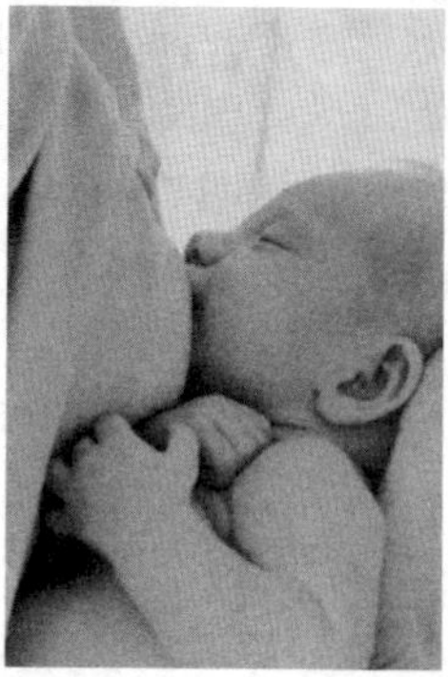

Busca ativa: Procure imagens ligadas diretamente aos seus objetivos — como um filho, uma casa nova, um jardim florido, uma viagem, ou um ambiente de trabalho ideal. Mesmo metas mais subjetivas, como "conhecer novas pessoas" ou "ter mais paz", podem ser representadas por fotos que evoquem essas sensações.

Busca receptiva: Durante a busca ativa, você pode se sentir atraído por imagens inesperadas, como uma joaninha ou uma paisagem. Mesmo que pareçam desconectadas de seus desejos conscientes, confie na sua intuição: o universo costuma enviar sinais quando estamos abertos a recebê-los.

Uma Foto sua

Seu mapa do tesouro precisa conter uma foto sua — pode ser um retrato, selfie ou uma foto espontânea, contanto que só você apareça e você goste de como está. Pode usar uma imagem recente ou tirar uma nova para essa finalidade. Quanto mais você estiver confiante ou feliz na foto, melhor.

Palavras

Incluir palavras no seu mapa do tesouro é opcional, mas pode torná-lo mais poderoso. Nos espaços entre as imagens, você pode escrever palavras soltas que tenham significado para você, trechos de escrituras, feitiços ou afirmações. Se usar afirmações, escreva sempre no tempo presente, começando com "Eu sou", e não com "Eu quero" ou "Eu tenho".

Organização

Organizar as imagens do seu mapa é importante, mas o método é pessoal. O objetivo é criar uma visão completa da sua vida — não precisa ter o mesmo número de imagens para cada área, mas manter equilíbrio e clareza ajuda a visualizar seus objetivos com mais foco.

Sugestão: Casas Astrológicas

Na Astrologia ocidental, o mapa astral é dividido em 12 casas, cada uma representando uma área da vida. Você pode organizar seu mapa em **círculo**, como um mapa astral, começando a posicionar as imagens da primeira casa e seguindo no sentido anti-horário.

Primeira Casa:
Aparência física, o eu, percepção do mundo.

Segunda Casa:
Finanças pessoais e renda, posses, autoestima.

Terceira Casa:
Comunicação, irmãos e amigos próximos, deslocamentos e viagens curtas.

Quarta Casa:
Lar, família imediata, ancestralidade.

Quinta Casa:
Paixões criativas, filhos, lazer, romance.

Sexta Casa:
Rotinas, saúde, ocupações, serviço, animais de estimação.

Sétima Casa:
Relacionamentos como: casamentos, parcerias de negócios, clientes.

Oitava Casa:
Transformação, impostos, empréstimos, heranças, sexo, morte, ocultismo.

Nona Casa:

Educação superior, religião, culturas estrangeiras e viagens longas, publicação.

Décima Casa:

Carreira, reputação, legado, contribuição para a sociedade.

Décima Primeira Casa:

Comunidade, grandes grupos, humanitarismo, tecnologia e inovação, esperanças e sonhos.

Décima Segunda Casa:

Espiritualidade e conexão com o Divino, intuição, subconsciente.

Ritual e Criação

Depois de reunir todos os materiais e imagens, é hora de montar seu Mapa do Tesouro. Isso deve ser feito no intervalo de duas semanas entre a Lua Nova em Áries e a Lua Cheia em Libra.

Você pode ritualizar esse momento da forma que preferir: sozinho ou com amigos, com orações, música, altar ou simplesmente respirando fundo antes de começar. O essencial é que você esteja presente e intencional durante todo o processo. Definir uma intenção, mesmo em silêncio, é altamente recomendado.

Comece colando sua foto pessoal numa área ligada ao "eu" — pode ser no centro, no topo, no lado esquerdo do círculo ou na primeira casa. Depois, distribua as demais imagens sobre o papel para testar os espaços. Quando estiver satisfeito, cole todas no lugar. Em seguida, escreva palavras, frases ou afirmações entre as imagens, conforme sentir vontade. Finalize assinando o canto inferior direito do mapa para selar sua intenção.

Exiba seu mapa num lugar visível, como no quarto ou escritório. Você também pode tirar uma foto do mapa e usá-la como plano de fundo no celular ou computador.

Encontrando Tesouros

Depois da Lua Cheia em Libra, o mapa é considerado completo. Não adicione mais nada a ele. Confie que as imagens escolhidas foram guiadas pelo universo naquele momento específico.

Não altere o mapa só porque seus planos mudaram ou um prazo "pareceu passar" — o universo entrega resultados de formas inesperadas.

O tesouro se manifesta quando você age com intenção, mas também se mantém aberto e paciente. Algumas bênçãos parecem cair no colo, mas a maioria exige presença e esforço. Acima de tudo, mantenha a gratidão, a flexibilidade e a compaixão. E confie: existe um plano maior e melhor do que você imagina. Seu Mapa do Tesouro será um guia, que revelará muito ouro ao longo do caminho.

— Extraído e adaptado de "Treasure Mapping", de Sara Mellas, *Llewellyn's Magical Almanac*.

Quaresma: Um Ciclo de Morte e Renascimento

Para a maioria das tradições cristãs, a Quaresma é um período de 40 dias que antecede a Páscoa, marcado por jejum, penitência e reflexão. Mas para nós, pagãos e praticantes da Wicca, essa mesma janela no calendário pode ser compreendida sob outra luz: um tempo liminar, em que os véus entre os mundos se tornam mais tênues e a energia da transformação interior se intensifica.

A espiritualidade da Terra nos ensina a observar os ciclos – da Lua, das colheitas, das marés e da alma. A Quaresma, embora ancorada na liturgia cristã, coincide com um ritmo natural poderoso: no Hemisfério Norte, o fim do inverno e a aproximação da primavera. É o momento em que as sementes adormecidas no solo (e em nosso coração) começam a vibrar silenciosamente, preparando-se para brotar com Ostara, o sabá do Equinócio de Primavera.

Nesse contexto, a Quaresma pode ser vivida tradicionalmente como um período de purificação energética, em que nos despojamos das folhas secas do ciclo anterior. Não se trata de culpa ou sacrifício, mas sim de soltar conscientemente o que não floresce mais em nós. É um convite à introspecção, à transmutação alquímica e ao preparo mágico para o renascimento da luz.

O número 40, tão presente nesse ciclo, carrega um simbolismo profundo. Em diversas tradições místicas (inclusive entre os povos antigos e nos mitos de iniciação pagãos), ele representa o tempo necessário para que uma mudança verdadeira se consolide. É um número de passagem – de um estágio da alma para outro, de um velho "eu" para um novo ser. Para os wiccanos, esse pode ser um tempo propício para rituais de limpeza com os quatro elementos, jejuns mágicos (não apenas alimentares, mas também de hábitos que obscurecem a intuição), votos de silêncio, conexão com os deuses do renascimento e com a Deusa em seu aspecto de Donzela – aquela que se prepara para florescer com a primavera.

Se pensarmos no ciclo da Roda do Ano, a Quaresma pode ser associada ao espaço entre Imbolc e Ostara – uma travessia mágica em que nos movemos do fogo da esperança (Brighid) para a promessa do florescimento. É nesse intervalo que a alma se prepara Esse é o tempo para encarar nossos próprios invernos – as sombras internas, os hábitos limitantes, os

medos antigos – e confiar que, ao limpá-los do altar da alma, abrimos espaço para que a energia da Deusa possa se manifestar com mais força em nós.

A Quaresma no Folclore Brasileiro e as Vozes da Espiritualidade Popular

A Quaresma, no Brasil, carrega não apenas significados religiosos herdados do catolicismo, mas também ecos profundos de um folclore mágico, moldado pela união entre o sagrado europeu, a sabedoria africana e os mistérios dos povos originários. Em muitas regiões do país, especialmente nas zonas rurais e interioranas, esse período é cercado de crenças, tabus e cuidados espirituais que atravessam as religiões oficiais e adentram o campo da magia e da espiritualidade popular.

Durante a Quaresma, o imaginário brasileiro se enche de histórias que alertam para um tempo de "resguardo espiritual". Acredita-se que, nesse intervalo, forças do invisível se agitam com mais intensidade. Os

antigos diziam que "na Quaresma, o diabo anda solto", mas essa frase não deve ser lida literalmente – ela traduz uma percepção antiga de que, neste ciclo, as energias densas e os desequilíbrios espirituais vêm à tona com mais facilidade, como se a alma coletiva estivesse em um processo de purificação intensa.

Nos terreiros de Umbanda e Candomblé, é comum que certas giras (sessões espirituais) sejam suspensas ou ajustadas nesse período. Muitos médiuns se recolhem, praticam jejuns, realizam limpezas espirituais e evitam certos rituais. Isso ocorre porque, segundo essas tradições, a Quaresma é um tempo de recolhimento espiritual, no qual se intensificam tanto os processos de cura quanto as manifestações de energias desequilibradas – uma fase de grande poder, mas também de necessária cautela.

Já nas práticas populares do catolicismo místico, profundamente sincrético, é comum encontrar rituais como a Via-Sacra em casa, promessas, orações às almas e até abstinências semelhantes às dos ciclos lunares da Bruxaria. Em algumas regiões, acredita-se que não se deve entrar em matas, pescar à noite ou tocar tambores, pois o véu entre os mundos estaria mais sutil, e entidades errantes ou forças da natureza poderiam ser incomodadas.

Outro símbolo poderoso do nosso folclore é a figura da Cobra

Grande ou da Mboi Tatá, que muitos dizem "acordar" na Quaresma. Para os povos indígenas, ela representa o poder ancestral das águas e da terra, e pode ser vista tanto como guardiã quanto como força transformadora que emerge quando o equilíbrio é rompido. Essa lenda reflete o entendimento simbólico de que a Quaresma é um tempo no qual a Terra respira diferente – em que há movimento invisível, mas perceptível aos que sabem sentir.

Para o praticante pagão ou wiccano, reconhecer essas manifestações é essencial. Elas não negam a espiritualidade neopagã – ao contrário, a fortalecem, pois revelam que o espírito da Terra fala em muitos dialetos. A Quaresma no Brasil é um momento no qual a ancestralidade pulsa forte, e respeitar seus sinais é uma forma de caminhar com mais conexão, intuição e sabedoria.

Prática de Proteção Energética Inspirada nos Saberes Populares Durante a Quaresma

O Banho de Descarrego das Três Ervas Sagradas

Esta prática combina elementos da medicina popular brasileira com princípios de proteção energética reconhecidos em diversas tradições espirituais. Durante a Quaresma, quando as energias densas circulam com maior intensidade, esse banho serve como escudo e purificação.

Materiais:

- ✓ Arruda (proteção contra negatividade)
- ✓ Guiné (afastamento de energias pesadas)
- ✓ Alecrim (purificação e renovação)
- ✓ Sal grosso (absorção de energias densas)
- ✓ Uma vela branca
- ✓ Água filtrada

Preparação: Em uma panela de barro ou esmaltada (nunca de alumínio), ferva três xícaras de água. Quando levantar fervura, adicione um punhado de cada erva e deixe cozinhar por cinco minutos. Desligue o fogo e deixe esfriar naturalmente. Coe o líquido e adicione uma colher de sopa de sal grosso, mexendo no sentido anti-horário enquanto mentaliza a liberação de tudo que não serve mais.

Ritual: Acenda a vela branca e faça uma oração de proteção. Despeje o banho do pescoço para baixo, visualizando uma luz dourada envolvendo seu corpo. Permaneça alguns minutos em silêncio, sentindo a proteção se estabelecer. Deixe secar naturalmente no corpo.

Realize este banho nas sextas-feiras da Quaresma, preferencialmente ao anoitecer, quando a transição entre o dia e a noite simboliza a passagem entre os mundos.

O Despertar da Primavera Brasileira

Após o período intenso de recolhimento e purificação da Quaresma, a energia da Donzela emerge com força renovada, representando o despertar da vida após o "inverno espiritual". No Brasil, onde as estações se manifestam de forma diferente do Hemisfério Norte, essa transição ocorre de maneira única, mesclando-se com o período das chuvas que dão lugar ao tempo seco, ou vice-versa, dependendo da região.

A Donzela pós-Quaresma brasileira carrega em si os arquétipos das nossas yabás (orixás femininos): a força criativa de Oxum, a sabedoria maternal de Yemanjá e a coragem transformadora de Iansã. Ela surge não como uma jovem inexperiente, mas como uma força renovada que aprendeu com o recolhimento, carregando a sabedoria do silêncio e a potência da renovação.

Como honrar esse despertar:

- Inicie novos projetos após a Páscoa, quando a energia da renovação está no auge.
- Trabalhe com plantas e ervas brasileiras que simbolizam renovação: pitanga, jabuticaba, erva-cidreira.

* Pratique danças circulares ou movimentos que honrem a terra brasileira.
* Crie arte ou manifestações criativas que expressem sua jornada de purificação e renovação.

A Donzela pós-Quaresma brasileira nos ensina que a verdadeira renovação não vem da negação das sombras, mas da integração consciente dos aspectos densos trabalhados durante o período de recolhimento. Ela emerge não inocente, mas sabiamente renovada, carregando em si a força da terra brasileira e a sabedoria de seus povos ancestrais.

Esse arquétipo nos convida a celebrar não apenas o renascimento pessoal, mas também o renascimento coletivo que ocorre quando uma comunidade passa junta pelo processo de purificação e emerge fortalecida, mantendo viva a conexão com suas raízes e tradições espirituais.

— Denise de Carvalho Rocha, estudiosa da espiritualidade universalista e editora do *Almanaque Wicca*

Os Amuletos e Talismãs do Hoodoo

Em praticamente todas as culturas do mundo, o ser humano criou formas de se proteger do mal. No Brasil, por exemplo, é quase instintivo recorrer a cristais, escapulários, patuás, medalhas, figas ou às famosas fitinhas coloridas da Bahia quando falamos de proteção espiritual. Esses objetos parecem viver no inconsciente coletivo – mesmo que não tenhamos aprendido sobre eles formalmente, sabemos que funcionam. Ao ver uma figa, por exemplo, sentimos: “isso afasta o olho grande”.

No sul dos Estados Unidos, um sistema mágico nascido da fusão entre os conhecimentos africanos, indígenas e cristãos floresceu entre os afro-americanos: o Hoodoo (pronuncia-se *rúdú*). Nessa tradição, não existe separação entre o sagrado e o cotidiano. Folhas, pedras, ossos ou um papel com palavras escritas – tudo pode ser encantado, para determinados propósitos.

Nas casas de praticantes de Hoodoo, é comum encontrar um verdadeiro ecossistema

mágico: ervas secando, penas em altares, raízes guardadas com zelo, tecidos tingidos, garrafinhas com óleos e símbolos. O que para alguns parece superstição, para quem conhece é pura alquimia ancestral.

Importante: Hoodoo não é Vodu. Enquanto o Vodu é uma religião com loas, cerimônias e iniciações espirituais, o Hoodoo é uma prática mágica popular, voltada a resultados práticos: cura, amor, dinheiro, fertilidade, justiça, abertura de caminhos e, claro, proteção espiritual.

Neste artigo, vamos explorar um dos pilares mais fascinantes do Hoodoo: os amuletos e talismãs de proteção – como são feitos, o que contêm e quais segredos mágicos guardam.

Amuletos e Talismãs no Hoodoo

No Hoodoo, diversos termos são usados para se referir a objetos mágicos: *Mojo Bag* (saquinho mojo), *Conjure Bag* (saquinho conjure) e *Gris-gris.*

Esses nomes às vezes se confundem porque, no Hoodoo, um mesmo objeto pode acumular diversas funções. Mas, de forma simples:

Amuletos: São feitos para afastar o mal. Servem como escudos que mantêm longe a inveja, feitiçarias, energias densas e presenças espirituais negativas.

Talismãs: São criados para atrair bênçãos. Funcionam como ímãs que atrairão amor, sorte, poder, prosperidade, cura ou realização pessoal.

O Saquinho Mojo – Um Guardião Pessoal

Nenhum outro objeto é tão representativo no universo do Hoodoo quanto o saquinho mojo. Essas pequenas bolsas mágicas atravessaram o tempo e se tornaram símbolos vivos da cultura afro-americana, aparecendo em filmes, músicas, peças e rituais públicos e secretos.

Todo praticante de Hoodoo sabe confeccionar o seu. Tradicionalmente feito com flanela vermelha, o saquinho pode ser produzido com qualquer tecido disponível – desde que seja feito à mão com intenção e respeito.

Como é feito?

1. O tecido é cortado e costurado manualmente.
2. O interior é preenchido com uma mistura mágica personalizada, que pode incluir:
   - raízes
   - ervas secas
   - pedras
   - papéis com palavras escritas
   - objetos pessoais ou simbólicos
3. Depois de fechado, o saquinho é "alimentado" com óleo espiritual, como o *Óleo Van Van,* para ativar sua força. A partir desse momento, ele se torna um espírito guardião, um canal entre

mundos, que deve ser carregado junto ao corpo – no bolso, na bolsa ou pendurado ao pescoço. Jamais deve ser tocado ou visto por outras pessoas. Se alguém encostar nele, o encantamento pode se desfazer.

Ingredientes Clássicos para um Mojo de Proteção

Um mojo voltado à defesa espiritual pode conter:

✓ **Raiz de Jalapa** – Fortalece e protege contra qualquer tipo de mal.
✓ **Arruda** – Serve para banir inveja, olho grande e feitiços.
✓ **Carvão** – Absorve e bloqueia energias negativas.
✓ **Casca de alho** – Afasta espíritos sugadores de energia.
✓ **Sal preto (Sal das Bruxas)** – Cria uma barreira contra magia maliciosa.
✓ **Pregos enferrujados** – Devolvem o mal enviado por outros.

O Poder Oculto dos Objetos Simples

O Hoodoo transforma o banal em sagrado. Objetos do cotidiano ganham vida mágica nas mãos de quem conhece seus mistérios. Veja alguns exemplos poderosos:

Raiz de Jalapa

Usada há séculos, essa raiz confere proteção, sorte, virilidade e poder. Quando conectada ao seu portador, repele toda forma de má intenção. Leve-a no bolso ou dentro de um mojo.

Figa (de madeira, metal ou osso)

Símbolo africano ancestral, repele o mau-olhado e a inveja. Pode ser usada como pingente, chaveiro ou levada no bolso como escudo silencioso.

Chave enferrujada

Abre caminhos e protege portais energéticos. Para blindar sua casa contra visitas espirituais, passe óleo Van Van em uma chave velha e enterre-a na entrada.

Casca de ovo moída (cascarilha)

Poderoso pó de proteção. Misturado a banhos de ervas, a cascarilha purifica e fecha o corpo contra energias densas. Muito usada em ritos afro-cubanos e incorporada ao Hoodoo moderno.

Alimentando os Amuletos com Óleos Mágicos

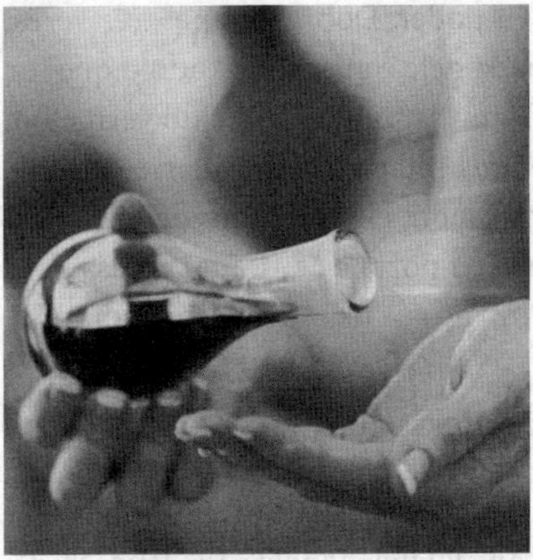

No Hoodoo, nenhum objeto mágico está ativo até ser "alimentado" ou ungido com **óleo mágico**. Os óleos mágicos do Hoodoo são misturas especiais feitas a partir de óleos comuns, como óleo de girassol, óleo de amêndoas ou óleo mineral, enriquecidos com ervas, raízes, terra ou outros elementos curiosos. Você desperta sua energia recitando um salmo ou fazendo uma conjuração vinda do coração. Depois de prontos, cada um desses óleos passa a ter uma função muito específica e clara.

Os óleos mágicos mais comuns no Hoodoo são:

- ★ **ÓLEO PAREDE DE FOGO**: Cria uma barreira espiritual de fogo contra ataques mágicos, feitiços e más intenções.

* **ÓLEO VAN VAN**: Usado para proteção, purificação e limpeza espiritual; como bônus, atrai boa sorte.
* **ÓLEO REVERSO**: Toda e qualquer energia negativa enviada a você retorna a quem a enviou.
* **ÓLEO DESCRUZAR**: Desfaz amarras espirituais, feitiços e maldições.

Rituais Hoodoo de Proteção com Amuletos

Para que você possa incorporar as práticas do Hoodoo em sua vida, aqui estão três rituais fáceis, práticos e poderosos:

Saquinho Mojo para a Porta de Entrada da Casa

Escreva o Salmo 91 num pequeno pedaço de papel e, enquanto faz isso, recite o salmo para potencializar seu poder. Dobre o papel três vezes, mentalizando uma luz sendo emanada dele e afastando tudo o que for sombrio. Coloque o papel dentro de um saquinho de tecido vermelho, adicione três pregos enferrujados e uma pitada de sal. Amarre o saquinho com linha ou fita preta e pingue sobre ele três gotas de Óleo Van Van. Pendure-o na maçaneta ou atrás da porta de entrada da casa para criar uma barreira invisível contra intrusos – físicos ou espirituais.

Saquinho Mojo para a Proteção Pessoal

Coloque dentro do saquinho raiz de jalapa, pétalas de rosa secas, alho desidratado e um papel com seu nome escrito sete vezes. Amarre-o com linha ou fita preta e pingue três gotas do Óleo Hoodoo Parede de Fogo sobre o tecido. Segure o saquinho entre as mãos e diga:

"Que a proteção de Deus esteja sobre mim. Nenhum mal me toca, nenhuma sombra me domina. Assim seja".

Leve o saquinho com você sempre que possível, ou deixe-o junto à cama para criar um escudo de proteção e mantê-lo seguro.

Talismã de Retorno Espiritual

Adquira uma figa de madeira, metal ou osso. Passe Óleo Reverso na figa, dizendo:

"O que foi lançado a mim, deve retornar.
O mal não tem o poder de entrar.
A luz é forte e poderosa,
afasta as trevas daqui sem demora."

Coloque a figa dentro de um copo com sal grosso e deixe esse amuleto no local de maior movimento da casa, como a sala ou a cozinha.

Se você usar o que aprendeu aqui, terá uma vida mais segura, favorável e tranquila. Mas não se esqueça de que a verdadeira proteção espiritual nasce da fé e da prática constante.

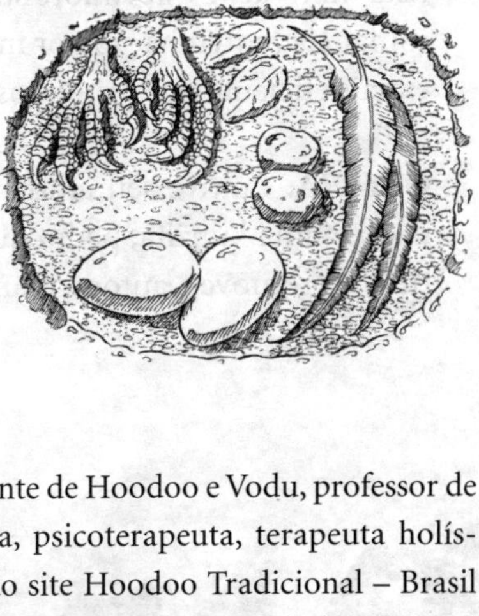

Que seus caminhos sejam guardados e que seus passos sejam firmes. Que toda energia lançada contra você se desfaça no ar e de forma alguma possa te tocar.

— Kefron Primeiro, praticante de Hoodoo e Vodu, professor de Cultura Afro-Americana, psicoterapeuta, terapeuta holístico integrativo. Autor do site Hoodoo Tradicional – Brasil Conjure (www.brasilconjure.com) e dono da loja virtual Casa de Hoodoo (www.casadehoodoo.com)

Como Trabalhar com os Cristais em cada um dos Sabás

YULE: Celebre, neste momento, a energia da noite e o feminino divino. Dê as boas-vindas ao poder do inverno colocando uma obsidiana floco-de-neve no seu altar de Yule. Essa pedra protege contra energias destrutivas e traz clareza mental.

IMBOLC: Combine um ramo de alecrim e uma pedrinha de ametista num sachê e aprimore suas habilidades para a prática da oneiromancia (adivinhação por meio da interpretação dos sonhos), que é mais eficiente nos primeiros raios da manhã.

OSTARA: Cultive seu amor-próprio com um feitiço de autocuidado e uma kunzita, pedra que ajuda a remover bloqueios energéticos e promove a autoconfiança.

BELTANE: A esmeralda é uma pedra do amor, associada ao planeta Vênus. Como Vênus é o planeta regente de Touro (um dos signos de maio), a esmeralda é o cristal perfeito para você usar durante o Beltane. Em suas festividades de Beltane, use joias de esmeralda, adicionando essa pedra ao seu ritual de prosperidade ou representando o elemento Terra no seu pentáculo ritualístico.

LITHA: A cornalina é uma pedra de paixão e vitalidade. Que melhor maneira de convidar a beleza do verão do que usar essa pedra durante sua celebração de Meio de Verão? A cornalina a ajudará a expressar paixão, a equilibrar seu chakra do Sacro e a melhorar suas habilidades de comunicação.

LUGHNASAGH: O poder do peridoto reside em suas habilidades de cura. Essa pedra acalma distúrbios do sistema nervoso, abre a mente e equilibra as emoções. Após a energia intensa do meio do verão, o peridoto pode ajudá-la a se ancorar e a se equilibrar. Faça uma garrafa mágica com o peridoto para que possa levar um pouco de calma com você aonde quer que vá.

MABON: A lazulita é um cristal de prosperidade, sabedoria e previsão do futuro. À medida que avança rumo as estações em que há menos luz, use a lazulita para promover a iluminação e o conhecimento. Se você está começando o ano letivo ou aprendendo algo novo, mantenha a lazulita por perto para facilitar seus estudos e pesquisas.

SAMHAIN: A obsidiana é uma pedra associada ao Hades (Plutão), o Mundo Subterrâneo grego. Esse cristal é útil para proteção e ajuda a romper apegos negativos. Para se conectar com o mundo espiritual, use um espelho de obsidiana para praticar a adivinhação, enquanto o véu entre os mundos está mais tênue.

— Extraído de *O Guia Completo dos Cristais para Bruxas*, Sara Hadley, Ed. Pensamento.

O Jardim Sagrado da Bruxa Moderna – Magia Verde em Pequenos Espaços

Imagine cruzar o portão de um jardim encantado onde cada folha sussurra segredos ancestrais. Trilhas sombreadas se estendem entre beladonas misteriosas e dedaleiras imponentes, enquanto o perfume doce da erva-de-são-joão dança no ar. No coração deste santuário verde, uma antiga choupana repousa, abraçada por gavinhas de madressilva que guardam histórias de gerações de curandeiras.

Esse é o jardim dos sonhos de toda bruxa que honra a tradição verde, um espaço onde a magia cresce naturalmente da terra e cada planta carrega o poder de curar, proteger e manifestar. Mas aqui está o segredo que as bruxas urbanas descobriram: você não precisa de muitos hectares de terra ou uma cabana isolada no campo para criar seu próprio santuário mágico.

A Revolução Verde nas Cidades

No coração de São Paulo, entre prédios e concreto, apartamentos se transformam em verdadeiros templos verdes. Em Belo Horizonte, varandas minúsculas abrigam jardins suspensos que rivalizariam com os

mais antigos grimórios de herbalismo. Do Rio de Janeiro a Porto Alegre, uma nova geração de bruxas está provando que o tamanho do espaço não determina a potência da magia.

A verdade é libertadora: onde quer que uma Bruxa habite e plantas estejam presentes, seja um apartamento no centro da cidade ou um pequeno quintal nos subúrbios, a magia brota e floresce. O poder não está nos metros quadrados, mas na intenção, no conhecimento e na conexão sagrada que cultivamos com cada semente plantada.

Começando sua Jornada Verde: o Básico que Toda Bruxa Precisa Saber

Antes de mergulharmos nas técnicas específicas, vamos conversar sobre os fundamentos que até as mais experientes praticantes precisam dominar. A luz é sua primeira aliada: observe quantas horas de sol sua área recebe. Manjericão, alecrim e lavanda, essenciais para qualquer arsenal mágico, precisam de pelo menos seis horas de luz solar direta. Caso seu espaço seja mais sombreado, não desanime! Violetas para questões do coração, samambaias para proteção psíquica e aquilégia para adivinhação prosperam em locais com menos sol.

O vento também merece atenção especial. Em apartamentos altos ou áreas muito expostas, uma simples treliça ou biombo pode ser a diferença entre plantas viçosas e folhas ressecadas. Lembre-se: você está criando um microclima sagrado, e até os ventos precisam ser domados com sabedoria.

Para quem está começando, recomendo iniciar com as "sete irmãs" da Bruxaria verde: orégano para a proteção doméstica, manjericão para a prosperidade, tomilho para a coragem, lavanda para a purificação, sálvia para a sabedoria, hortelã para a cura emocional e alecrim para a memória ancestral. Todas são resistentes, perfumadas e carregadas de poder mágico.

A Arte da Jardinagem em Recipientes: Transformando Vasos em Altares Vivos

É aqui que a criatividade da bruxa brilha! Esqueça os vasos caros. Baldes de tinta limpos, caixotes de feira, até mesmo garrafas PET cortadas podem se tornar berços para suas plantas sagradas. Uma das inovações mais inteligentes são as jardineiras que se encaixam perfeitamente em grades, transformando varandas de apartamento em jardins suspensos.

A regra de ouro é simples: não sobrecarregue o recipiente. Para vasos de até 25 cm de diâmetro, uma planta é suficiente. Entre 25–30 cm, três a quatro plantas vivem harmoniosamente. Vasos maiores, de 35–40 cm, comportam cinco a sete plantas, enquanto os grandes, de 40–50 cm, podem abrigar até nove mudas diferentes.

O Poder dos Elementos: Criando Correspondências Mágicas no seu Jardim

Uma abordagem verdadeiramente mágica inclui plantas que representem os quatro elementos. Esta não é apenas estética – é magia prática em ação.

Para invocar a energia da Terra, cultive samambaias para ancoragem, verbena para prosperidade, hera para proteção doméstica ou lunária para conexão com a Lua. Essas plantas trazem estabilidade e abundância material.

Para trabalhar com o elemento Ar, plante sálvia para sabedoria, lavanda para paz mental, mil-folhas para proteção psíquica ou manjerona para clareza espiritual. Essas ervas aguçam a intuição e facilitam a comunicação com planos superiores.

O elemento Fogo se manifesta por meio do manjericão para paixão, pimentas para proteção energética, girassóis para vitalidade ou calêndula para coragem. Essas plantas trazem força interior e proteção ativa.

Para honrar o elemento Água, cultive jasmim para sonhos proféticos, violetas para cura emocional, erva-cidreira para tranquilidade ou tomilho para intuição. Essas plantas facilitam trabalhos psíquicos e cura emocional.

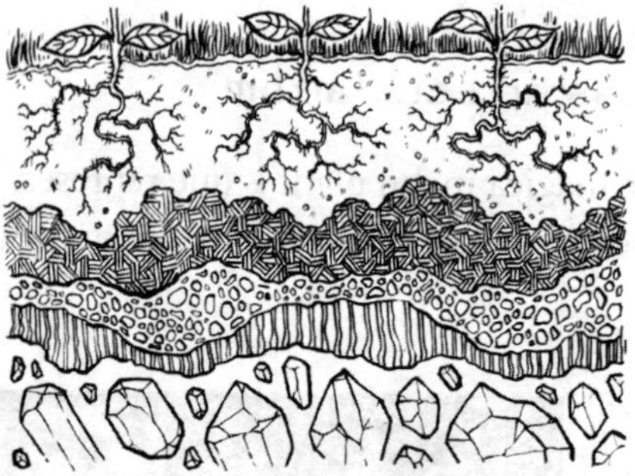

Companheirismo Mágico: Quando as Plantas se Ajudam

O plantio de espécies que se beneficiam mutuamente vai além da jardinagem – é uma forma de magia simpática em ação. Quando plantamos manjericão junto com tomates, não apenas repelimos pragas, mas criamos uma sinergia energética na qual a proteção e a abundância se potencializam mutuamente.

Experimente estas combinações poderosas em vasos: plante alho em vasos junto com alface ou rúcula para proteção total do lar, cultive capuchinhas pendentes em jardineiras combinadas com couve ornamental para afastar energias negativas, ou crie arranjos de calêndula com abobrinha em vasos grandes a fim de atrair prosperidade financeira. Cada combinação cria um campo energético único e potente.

Magia Culinária ao Alcance das Mãos

Este é um projeto perfeito para quem quer unir praticidade e magia. Pegue um vaso grande (60 cm de diâmetro é ideal) e crie um trio sagrado: um tomatinho-cereja no centro, circundado por dois manjericões e duas salsas.

Além de fornecer ingredientes frescos para sua cozinha mágica, essa combinação cria uma proteção natural contra energias negativas. O tomate representa abundância e fertilidade, o manjericão traz proteção e paixão, enquanto a salsa atrai prosperidade e purificação.

Jardins Verticais: Elevando sua Magia às Alturas

Quando o espaço horizontal é limitado, cresça para cima! Calhas antigas fixadas na parede se transformam em jardins suspensos para ervas pequenas. Paletes encostados em muros viraram estantes vivas, e escadas vintage em cantos criam prateleiras encantadoras para suas plantas mágicas.

Uma das ideias mais criativas é a "Parede de Magia Herbal": use um organizador de sapatos de lona suspenso num varão de cortina. Cada bolso se torna um minijardim temático. Cole etiquetas com o nome da planta e suas correspondências mágicas, e transforme funcionalidade num grimório vivo.

Criando seu Espaço Sagrado: Além das Plantas

Seu jardim, por menor que seja, é um templo vivo. Desperte todos os sentidos: plante ervas aromáticas que evoquem memórias poderosas, adicione uma pequena fonte d'água para o som tranquilizante, ou pendure mensageiros dos ventos a fim de harmonizar as energias.

Use texturas diferentes – a maciez das pétalas de rosa, a rugosidade da sálvia, o brilho das folhas de hera. Observe as veias intricadas das folhas, as gotas de orvalho ao amanhecer, os padrões únicos que cada planta cria. Essas percepções íntimas nos conectam diretamente com o Divino.

O Poder Está em suas Mãos

Seja você uma bruxa urbana num apartamento de 30 metros quadrados ou uma curandeira com um pequeno quintal numa cidade do interior, o poder da transformação está literalmente em suas mãos. Cada semente plantada é um ato de fé, cada broto que emerge é uma manifestação de magia pura.

Não se deixe intimidar pelas imagens clássicas de choupanas isoladas cercadas por jardins exuberantes. A verdadeira bruxaria verde acontece onde quer que uma praticante consciente cultive vida com intenção sagrada. Nos parapeitos das janelas de Copacabana, nas varandas de Brasília, nos quintais minúsculos de Curitiba – em todos esses lugares, a magia cresce e floresce.

Comece pequeno, sonhe grande, e lembre-se: o poder da transformação não está no tamanho do seu jardim, mas na profundidade da sua conexão com o sagrado que pulsa em cada folha, em cada raiz, em cada momento de cuidado que você oferece às suas plantas mágicas.

Que suas mãos sempre carreguem a terra sagrada, e que seus jardins sejam portais de poder e transformação.

— Extraído e adaptado de "Green Witchery in Small Spaces", de Monica Crosson, *Llewellyn's Magical Almanac.*

Os Segredos das Árvores

Antes do primeiro humano ou animal caminhar por esta terra, as árvores já estavam aqui. Elas já eram as anciãs de nosso planeta – e já eram sábias. Haviam testemunhado a terra convulsionar. Haviam visto as massas terrestres se erguerem, os vales sendo esculpidos e as montanhas projetando seus picos maciços em direção ao céu. Através de tudo isso, as nobres árvores sobreviveram, marcadas pelo vento, gelo, tempestade ou raio, mas sempre se curando.

Quando nossos ancestrais antigos caminharam penosamente através das planícies, desertos e montanhas, as árvores já haviam marcado mais estações do que qualquer um de nós jamais verá. Elas testemunharam impérios ascenderem e caírem, exércitos conquistadores marcharem pelas suas florestas, batalhas serem perdidas e vencidas. Humanos e animais buscaram refúgio em meio aos seus troncos firmes e foram refrescados por sua sombra.

Sabedoria Ancestral e Parceria Mágica

As árvores são sábias. Escondidos em sua madeira, casca, seiva, brotos, flores e folhas estão os segredos das eras. Para aqueles que acreditam em magia e sentem parentesco com a terra, as árvores são nossas parceiras mágicas! Precisamos apenas escutá-las e observá-las. Quando suas folhas sussurram com uma brisa, quando seus galhos rangem durante uma tempestade, ou quando seus membros nus sacodem numa noite fria e ventosa, elas estão falando conosco.

Na primavera, quando a seiva sobe e os sucos vitais produzem os brotos e as folhas, as árvores realizam essa transformação extraordinária silenciosamente, mostrando que a força vital de nossa Terra ainda está aqui. O bordo, o carvalho, o pinheiro e o espinheiro – todas as árvores têm segredos para compartilhar. Usar árvores em nossa magia enriquece nossa vida. Apenas se conectar a uma árvore ou meditar com uma árvore por perto nos tranquiliza e equilibra.

O Sopro da Vida

As árvores não são apenas nossas parceiras mágicas; elas também são nossas parceiras para um ambiente saudável. Por meio da fotossíntese, as folhas absorvem o dióxido de carbono liberado por nossos corpos e máquinas. Com o auxílio da luz solar, liberam o oxigênio que dá vida de volta para a atmosfera. Esse processo permite que as árvores resfriem e purifiquem o ambiente, o que é essencial para nossa sobrevivência.

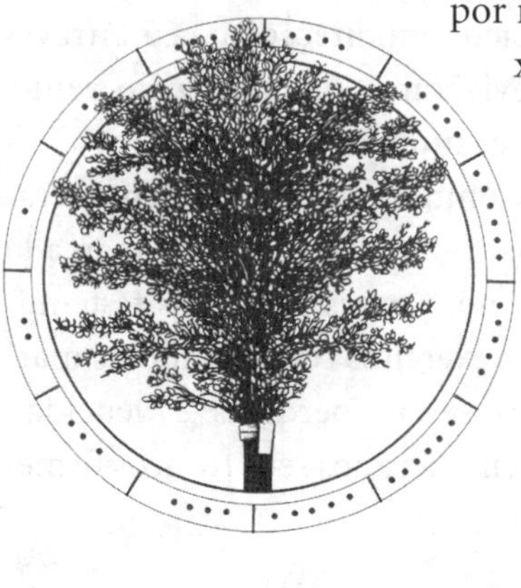

Cada folha que vemos está realizando o trabalho miraculoso de purificar nosso planeta, mantendo-o rico em oxigênio. Cada folha permite que toda criatura na Terra sobrevíva. Sem árvores, nós pereceríamos – todos nós.

A Energia Mágica das Árvores

Nossos ancestrais antigos conheciam e compreendiam os segredos das árvores. Sabiam que cada variedade de árvore possuía propriedades mágicas particulares.

Aqui está uma lista de algumas árvores e suas energias mágicas:

- ✶ *Macieira*: Todas as partes da macieira são ingredientes mágicos poderosos para feitiços e adivinhação. Use o fruto da macieira em feitiço de amor ou quando tentar praticar sua vidência para ver um amor futuro. Quando queimadas, toras de macieira, incluindo a macieira silvestre, são maravilhosamente fragrantes.

- ✶ *Freixo*: Associado com energia masculina, sua madeira forte é boa para varinhas e vassouras de bruxas. A madeira atinge altas temperaturas quando queimada, o que a torna útil em rituais ou lançamento de feitiços, quando você precisa de uma explosão extra de energia.

- ✶ *Cerejeira*: Amor, sorte e boa fortuna, todos estão sob o domínio da cerejeira. A casca da cerejeira selvagem é útil para atrair o amor. Queimar a casca como incenso é útil durante um feitiço de amor e como auxílio à adivinhação.

- ✶ *Espinheiro*: Associado com fertilidade, o reino das fadas, proteção e sorte. Para atrair fadas ao jardim, coloque um galho de espinheiro num local isolado. Quando colocados sobre a porta, seus ramos protegem contra espíritos malignos.

- *Alfarrobeira*: Aqui estou falando da alfarrobeira-negra-silvestre. Na magia, dizem que queimar uma pequena quantidade de sua casca auxilia o contato com o reino espiritual.
- *Bordo*: Simboliza paz, beleza e equilíbrio. Útil em feitiços para paz, amor e centramento, ajudando na adaptação a mudanças. Regido por Júpiter, o bordo também pode ser usado para atrair felicidade.
- *Carvalho*: Longevo, é associado com o Deus e poder masculino. Use em feitiços que requerem grande energia e resultados duradouros. O carvalho também é uma boa escolha para usar quando estiver buscando um emprego ou promoção ou para alcançar um objetivo nos negócios.
- *Pinheiro*: Representa vida eterna e esperança. É por isso que trazemos sempre-verdes para nossas casas no Yule e no Natal. Use o pinheiro quando estiver praticando magia para saúde, sonhos de toda a vida, ou limpeza e purificação.

Feitiços e Rituais com Árvores

Feitiço para se Conectar a uma Árvore

Já que árvores são seres vivos, você pode formar uma parceria com uma árvore de sua escolha. Isso lhe dará uma conexão espiritual. Você pode usar a árvore como ponto focal para meditação, por exemplo. Vá para uma área silenciosa. Comece aproximando-se de uma árvore que o atraia. Peça permissão para formar um relacionamento com ela. Se você receber uma reação positiva dela, comece este ritual.

Coloque as palmas sobre seu tronco. Respire profundamente. Olhe para cima em direção aos seus galhos e fale estas palavras suavemente:

Árvore poderosa, majestosa e forte
Permita-nos conectar e deixe-nos nos unir
Do pé à copa, do céu ao chão
Juntos, você e eu pertencemos.

Medite sobre uma pergunta ou simplesmente dê um passo para trás e admire sua árvore. Você e sua árvore são agora almas gêmeas.

Um Ritual da Roda do Ano

Use este ritual para honrar sua árvore pelo ano. Há momentos em que você precisa deixar sua árvore saber que pensa nela durante todo o ano. Você pode realizar este ritual em qualquer estação. Para fazer isso, corte respeitosamente um galho flexível da sua árvore. Limpe-o com uma faca ritual ou uma pequena tesoura de jardim. Em seguida, teça-o em forma de uma pequena coroa para representar a Roda do Ano. Segure a coroa, olhe para sua árvore e diga:

Primavera virá, brotos nascerão
Folhas de verão darão boa sombra
Outono vem, as folhas cairão
Ventos de inverno soprarão, ainda assim você permanecerá altiva.

Coloque a coroa na base do tronco da árvore como uma oferenda.

Feitiço para a Paciência

Silenciosamente, árvores testemunharam a passagem do tempo. Elas observaram incontáveis nasceres e pores do sol. Seus galhos sentiram infinitamente o fardo do vento, da neve e do gelo. Elas marcaram o ciclo sem fim das estações, os anos, as eras. E fizeram isso com silêncio e paciência. De todas as entidades vivas neste planeta, árvores podem nos ensinar mais sobre paciência. Tente o seguinte ritual. Ele vai acalmá-lo e centrá-lo.

Vá para um bosque de árvores ou uma floresta. Encontre um local e fique ali em silêncio. Visualize raízes crescendo de seus pés e descendo profundamente na terra. Sinta seus batimentos cardíacos diminuírem. Sua respiração deve ser estável. Agora, diga:

Árvores tão poderosas, pacientemente vocês marcaram a passagem do tempo
Ensinem-me a fazer da paciência uma virtude minha
Através de estações infinitas vocês aprenderam a esperar
Mostrem a mim, um humano humilde, como aceitar tempo e destino.

Lentamente retorne a um estado de espírito cotidiano. Vá movendo as pernas. Escute o vento, o movimento das folhas e dos galhos. As árvores estão enviando mensagens para você? Lentamente saia da floresta. Lembre-se desse momento na próxima vez que começar a se sentir impaciente.

Florestas inteiras foram destruídas por incêndios florestais, mas as árvores retornam. As árvores estarão aqui depois que partirmos. Elas têm segredos. Elas resistirão.

— Extraído e adaptado de "The Secrets of Trees", de James Kambos, *Llewellyn's Magical Almanac*.

Contemplando Flores

Imagens de flores bonitas, gatinhos fofos ou, melhor ainda, de gatinhos fofos em um campo de flores são uma bomba certeira de dopamina para o cérebro. Quando estamos nos sentindo bem, podemos apreciar mais as coisas da vida, e a gratidão é o caminho definitivo para a paz interior.

Na filosofia chinesa e na religião do Taoismo, o Tao se refere ao caminho fundamental do universo. O princípio subjacente é que tudo deve ser feito no fluxo para estar em harmonia e em equilíbrio com o universo. Para certas pessoas, gatinhos fofos cheirando flores bonitas podem ser a cara da harmonia com o universo – pelo menos de acordo com o algoritmo do Instagram.

Aqui está uma prática que nos conecta com a natureza e a beleza ao redor e dentro de nós.

1. Em um ambiente interno ou externo, escolha uma única flor como objeto de meditação. Se não tiver acesso a uma flor, escolha uma foto de uma flor para olhar.

2. Sente-se confortavelmente em frente à flor. Inspirando e expirando devagar, contemple a flor diante de si, prestando atenção nos formatos das folhas e das pétalas.

3. Inspire o perfume da flor ou imagine qual seria seu aroma. Inspire e receba.

4. Repare na disposição das pétalas, a gama de texturas, cores e sutilezas na flor e nas folhas, respirando devagar.

5. Respirando ainda mais devagar, observe o jogo de luzes sobre a flor e as folhas. O que mais você nota nesta flor?

6. Ao contemplar a flor, você consegue vê-la como um espelho? Enquanto recebe a energia, beleza e o perfume imaginado dessa flor, o que ela pode estar refletindo de volta para você?

7. Agora, caso se sinta à vontade, feche os olhos e imagine a flor no olho da mente. Veja as cores e as formas através dos olhos fechados.

8. Comece a ouvir. Ouça o que esse ser floral quer compartilhar com você. Que belezas e maravilhas dentro de si a flor está despertando? A flor está apenas sendo, sem dificuldades ou necessidade de ser nada além do que ela é agora.

— Extraído de *O Gatinho Místico*, Valerie Oula,
Ed. Pensamento.

Quando a Meditação se Torna um Trabalho com a Sombra

A meditação é amplamente celebrada como uma prática transformadora que promove bem-estar, reduz o estresse e aumenta a consciência. No entanto, para aqueles que se aprofundam em práticas espirituais e mágicas, a meditação pode revelar um território inexplorado e às vezes desconfortável: nosso lado sombrio. Este artigo explora como navegar essas águas turbulentas com sabedoria e segurança.

A Faca de Dois Gumes da Autoconsciência

A meditação oferece benefícios indiscutíveis: reduz a pressão arterial, diminui a ansiedade, aumenta a plasticidade cerebral, melhora a autoconsciência, diminui a frequência cardíaca em repouso e promove um sono melhor. Para a maioria das pessoas neurotípicas, esses benefícios podem ser alcançados após formar um hábito simples de meditação sentada ao longo de três semanas.

Porém, há uma frase nessa lista que aponta para o perigo potencial: *autoconsciência*. Conhecer nossa própria mente e motivações pode ser doloroso. Começamos a notar aquela coceirinha que o ruído interior havia abafado ou aquela pequena tensão no pescoço que agora exige atenção. Conforme trabalhamos através dessas sensações físicas – e às vezes até encontramos maneiras de usar o trabalho energético desenvolvido durante a meditação para aliviá-las –, nosso cérebro avança para camadas mais profundas.

Chegamos, mais cedo ou mais tarde, ao ponto em que devemos ouvir nossos próprios pensamentos e sentir nossos próprios sentimentos. Para o praticante de magia, essa jornada interior pode ser particularmente intensa, pois nossa sensibilidade energética muitas vezes amplifica essas experiências.

A Armadilha da Fuga Espiritual

No contexto brasileiro, em que a espiritualidade permeia muitos aspectos da cultura, é importante reconhecer o fenômeno da *fuga espiritual*. Esse termo refere-se às pessoas que pulam os aspectos mais dolorosos do crescimento e desenvolvimento pessoal, recusando-se a reconhecer sua dor e problemas não resolvidos e enquadrando isso como uma abordagem espiritualmente superior.

Expressões como "só energia boa", "eleve sua vibração" ou "mandando luz e amor" podem mascarar uma relutância genuína em enfrentar aspectos difíceis de nós mesmos. Alguns defendem uma atitude de perdão forçada, em que o perdão é anunciado sem expectativa de responsabilização ou reparação. Outros negam até mesmo a raiva.

No Brasil, com nossa rica tradição de religiões afro-brasileiras, espiritismo e catolicismo popular, essa tendência pode se manifestar de maneiras específicas à nossa cultura. Frases como "está tudo nas mãos de Deus" ou "é meu karma" podem ser usadas para evitar o trabalho interno necessário.

Enfrentando as Sombras na Meditação

Buscar a verdadeira bem-aventurança na meditação exige que caminhemos através do nosso cemitério interior. Talvez você nunca preveja o que sua mente-corpo vai desenterrar da sua terra interior – mas uma vez que apareça, seu eu mais profundo está pedindo para você lidar com isso, mesmo que você não tenha as ferramentas certas para o trabalho.

Se você tiver uma experiência emocional intensa – mesmo uma positiva –, dê tempo e espaço para essa experiência. Vivencie a emoção, comunicando-se com ela e com quaisquer guias espirituais, dizendo: "se for saudável para mim neste momento".

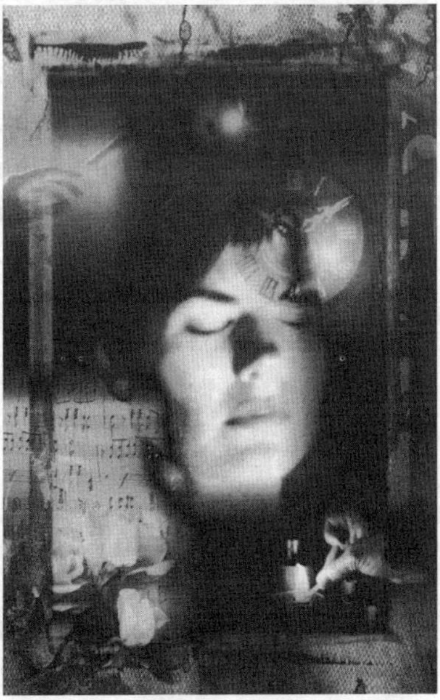

Técnicas Práticas para Gerenciar as Sombras

O Método de Pré-Configuração

Antes de meditar, estabeleça uma intenção clara: "Mostre-me apenas aquilo em que posso fazer algo a respeito". Isso cria um foco direcionado para a sua mente, funcionando melhor do que negativas como "não me mostre isto ou aquilo". Se a dor vier, aceite que ela precisa de atenção imediata.

O Diário como Instrumento

Escrever em um diário antes e depois das sessões de meditação pode ser extremamente útil. Seja escrevendo à mão, digitando, gravando áudio ou vídeo, todas são formas válidas de registro. A tradição oral de contar histórias pode tornar as gravações de áudio particularmente eficazes.

Quando Buscar Ajuda Profissional

Se esses momentos emocionalmente carregados começarem a perturbar sua vida, busque ajuda. Se sua meditação se concentra em um trauma pesado desta vida, sua mente-corpo está pedindo para você buscar cura. Como muitos praticantes mágicos gostariam de fazer, na maioria das vezes não podemos curar feridas internas sem apoio externo.

Recursos Disponíveis no Brasil

No Brasil, o acesso a recursos de saúde mental pode ser desafiador, mas existem opções:

Sistema Único de Saúde (SUS): O SUS oferece atendimento psicológico gratuito, embora com longas filas de espera. Os Centros de

Atenção Psicossocial (CAPS) são especializados em saúde mental e podem ser acessados diretamente.

Universidades: Muitas universidades brasileiras oferecem atendimento psicológico gratuito em suas clínicas-escola, onde estudantes de psicologia atendem sob supervisão.

ONGs e Centros Comunitários: Várias organizações não governamentais oferecem apoio psicológico gratuito ou a preços acessíveis.

Centros Espíritas: Muitos centros espíritas oferecem atendimento fraterno e passes, que podem complementar (mas não substituir) o acompanhamento psicológico profissional.

Aconselhamento Espiritual

Uma fonte alternativa de apoio é buscar um conselheiro espiritual. No Brasil, isso pode incluir:

Pais e Mães de Santo: Nas tradições afro-brasileiras, esses líderes espirituais oferecem orientação que integra aspectos psicológicos e espirituais.

Médiuns experientes: Em centros espíritas, médiuns com experiência podem oferecer orientação espiritual.

Padres e pastores progressistas: Alguns clérigos cristãos são abertos a questões de práticas mágicas e podem oferecer apoio sem julgamento.

Praticantes de medicinas tradicionais: Benzedeiras, curandeiros e outros praticantes tradicionais podem oferecer perspectivas únicas sobre cura espiritual.

Enfrentando Preconceitos e Desafios Culturais

Os praticantes de magia podem se deparar com desafios específicos ao buscar ajuda, como preconceitos religiosos, conflitos familiares e terapeutas que não integram as suas práticas mágicas com abordagens terapêuticas convencionais. Por isso, desenvolver uma rede de apoio é crucial para você enfrentar o trabalho com a Sombra que surge na meditação:

Grupos de estudo: Participar de grupos de estudo sobre magia, espiritualidade ou desenvolvimento pessoal pode garantir o apoio dos colegas.

Comunidades on-line: Fóruns e grupos brasileiros dedicados a práticas mágicas podem oferecer suporte e orientação.

Mentores espirituais: Encontrar um mentor experiente em sua tradição específica pode ser algo inestimável.

Profissionais integradores: Buscar terapeutas que sejam abertos ou especializados em espiritualidade pode facilitar o processo de cura.

Integrando Práticas Brasileiras Tradicionais

O Brasil tem uma rica tradição de práticas de cura que podem complementar a meditação e o trabalho de Sombra:

Defumação: Usar ervas tradicionais brasileiras para limpeza energética antes e depois da meditação.

Banhos de ervas: Preparar banhos com ervas locais para limpeza espiritual e emocional.

Oração e mentalizações: Integrar orações tradicionais ou mantras em português pode tornar a prática mais acessível.

Conexão com a natureza: Aproveitar a abundante natureza brasileira para práticas de meditação ao ar livre.

Conclusão: Abraçando a Jornada

Mesmo após experimentar intenso desconforto, vale a pena fazer da meditação um hábito vitalício. Essa autoconsciência, a longo prazo, torna você melhor em *ser* uma pessoa porque você pode identificar o que causa dor de um modo que não seria possível de outra forma.

Para o praticante brasileiro de magia, essa jornada pode ser particularmente rica e complexa, entrelaçada com nossa herança cultural diversa e nossas tradições espirituais únicas. Quando traumas e ansiedades se tornam avassaladores, não é apenas apropriado, mas um ato de força moral e ética buscar ajuda para resolvê-los.

Seja pela quietude ou pelo movimento, que sua meditação traga cura, paz, saúde e *insight*. O trabalho com a Sombra não é fraqueza, mas parte essencial do crescimento espiritual. Com apoio e cuidado, você pode enfrentar essas profundezas e emergir mais forte e sábio. Meditar com a Sombra é o coração da verdadeira transformação.

— Extraído e adaptado de "When Meditation Becomes Shadow Work", de Diana Rajchel, *Llewellyn's Magical Almanac.*

A Natureza Mágica do Cabelo Natural

Desde tempos imemoriais, o cabelo representa muito mais que uma característica física. Para culturas africanas, o cabelo constitui um universo complexo de significados espirituais, culturais e mágicos que transcende a estética. Essa tradição ancestral, transmitida de geração em geração, carrega técnicas de penteado e uma verdadeira filosofia de vida.

As memórias de infância revelam a importância dessa transmissão cultural. Sentar-se entre os joelhos da mãe, sentir suas mãos aplicando óleos naturais e criar tranças elaboradas, não era apenas cuidado pessoal, mas um ritual de conexão familiar. As primas mais velhas, mestras em trançar cabelos, representavam a continuidade de uma arte milenar que ressurgiu nos anos 1970 e experimenta nova revitalização hoje.

Essa tradição das populações indígenas africanas utilizava pomadas perfumadas com óleos animais e vegetais para tratar os *dreads*, um penteado em que o cabelo é entrelaçado ou emaranhado de forma a criar mechas cilíndricas texturizadas, que podem se formar naturalmente ou com o auxílio de uma agulha de crochê. Essas práticas permanecem vivas nas comunidades africanas nas Américas, inclusive no Brasil, como conhecimentos adquiridos tão precocemente que se tornam parte intrínseca da identidade cultural.

Qual a Diferença entre *Dreads* e *Locs*

Segundo a Wikipédia, os primeiros registros do termo "*dread*" são da época da escravidão. Durante a travessia para outro continente, as pessoas eram mantidas presas umas às outras, sem espaço para higiene pessoal, por isso no desembarque os fios estavam embaraçados e crescidos em tufos. Devido essa aparência, foram chamados pelos moradores da América do Norte com o termo "*dreadful*" ("medonho"). Por isso, a comunidade afro-americana dos Estados Unidos passou a repudiar o termo "*dread*", por considerá-la carregado de racismo, e passou a adotar "*locs*" em seu lugar. No Brasil, no entanto, de modo geral não existe nenhuma diferença essencial entre *dreads* e *locs*, exceto pela nomenclatura. E *dreads* continua sendo o nome mais comum.

As Tradições dos *Dreads*: Mais que um Penteado

Quando falamos de *dreads*, provavelmente a primeira imagem que vem à nossa mente é a de Bob Marley, já que foi o cantor jamaicano o responsável pela popularização do visual na década de 1970. Porém, os rastafáris usam esse penteado desde meados de 1930, que é visto como um símbolo de fé, força, identidade cultural e conexão com a natureza e com Jah (Deus). De lá pra cá, os *dreads* passaram por várias transformações entre pessoas de várias origens étnicas, ganhando novos estilos e até mesmo técnicas de execução. E se antes eles eram fortemente associados aos homens, hoje são uma ferramenta poderosa na expressão das mulheres.

No Hinduísmo, os *dreadlocks* são frequentemente associados a uma de suas principais divindades, Shiva, que é retratado com cabelos emaranhados, simbolizando seu desapego dos desejos mundanos e seu profundo estado meditativo. Para alguns seguidores da fé hindu, cultivar *dreadlocks* é uma forma de emular a jornada espiritual de Shiva.

Estilos de Dreads

Há vários tipos de *dreads*, mas os mais comuns são:

- *Dread de agulha*, em que se cria o formato cilíndrico da mecha com a ajuda de uma agulha de crochê.
- *Dread de cera*, muito popular nas décadas de 1970 e 1980, em que se usava sebo de carneiro ou cera de abelha para ir enrolando o cabelo na palma da mão.
- *Faux locs*, que nada mais é do que o *dread* falso, feito com cabelo sintético, e aplicado no cabelo natural.

Quando a África Retorna

O aprendizado sobre cabelos naturais transcende o conhecimento familiar, estendendo-se às conexões com outros povos e culturas. A experiência com uma trancista nascida no Senegal, mas que viveu principalmente no Mali, revelou as profundas conexões espirituais que podem permear o penteado. Essa trancista, uma muçulmana muito religiosa, demonstrou como sob as "saias" das religiões abraâmicas vivem os costumes dos tempos antigos. O processo de trançar constitui um evento épico, que pode levar até dezoito horas para ser completado, geralmente distribuído ao longo de dois dias. Durante esses longos períodos, emergem histórias que merecem um palco próprio. Relatos sobre começar a trançar em idade precoce, usando manteiga de karité local como auxiliar de penteado, sentando sob mangueiras com primas que também eram trancistas, transportam a ouvinte de volta às terras natais da África Ocidental.

O aspecto mais profundamente espiritual dessa experiência se manifesta na prática animística observada durante o processo de trançar. Antes de qualquer cabelo de extensão ser trançado ao cabelo natural, a trancista conversava com ele, cantava para ele, orava sobre ele. Essa demonstração de animismo em ação, vinda de alguém com quem se compartilha ancestralidade, provoca arrepios em quem o testemunha. Embora a natureza específica dessas orações permaneça desconhecida, o resultado sempre se manifesta em penteados de beleza extraordinária. Essa prática revela como as tradições espirituais africanas persistem e se manifestam mesmo dentro de contextos religiosos aparentemente diferentes, demonstrando a continuidade das práticas ancestrais.

O Cabelo Sagrado no Brasil

No contexto brasileiro, a relação com o cabelo natural ganha dimensões particulares, entrelaçando tradições africanas, indígenas e práticas sincréticas. O Brasil, com a maior população afrodescendente fora da África, preservou e recriou muitas tradições ancestrais relacionadas ao cabelo, adaptando-as ao contexto tropical e à diversidade cultural local.

As tradições do candomblé e umbanda incorporaram o cuidado com os cabelos como um elemento ritual fundamental. Nos terreiros, os cabelos das filhas e filhos de santo recebem tratamentos específicos com ervas nativas como arruda, guiné, manjericão e folhas de louro. Mães e pais de santo frequentemente utilizam óleos de dendê, coco e andiroba para fortalecer não apenas os fios, mas também as conexões espirituais com os orixás.

A cultura brasileira desenvolveu técnicas únicas de tranças e penteados, muitas vezes incorporando elementos da flora nacional. O uso

de flores tropicais como hibisco, bougainvíllea e folhas de comigo-ninguém-pode reflete a adaptação das práticas africanas ao ambiente brasileiro. Essas plantas, além do aspecto estético, carregam significados mágicos específicos na tradição popular brasileira.

O movimento de valorização do cabelo crespo no Brasil contemporâneo representa não apenas estética, mas também resistência cultural e reconexão ancestral. Salões especializados em cabelos afro proliferam nas grandes cidades, oferecendo não apenas serviços, mas espaços de acolhimento e troca de saberes sobre práticas naturais de cuidado dos cabelos.

Praticantes Modernos de Bruxaria e Tradições Pagãs

Para os praticantes contemporâneos de Bruxaria, Hoodoo e tradições pagãs, a extensão do poder pessoal e da beleza essencial através do corpo até o cabelo representa uma oportunidade de conexão com forças antigas e naturais. O uso de várias técnicas de trançar, torcer e criar *dreads*, realçadas com flores e ervas, oferece um caminho para incorporar elementos mágicos à vida cotidiana.

Essa prática não se limita apenas ao aspecto estético, mas se estende ao reconhecimento do cabelo como uma antena espiritual, um condutor de energia e um símbolo de poder pessoal. Por meio do cuidado consciente e intencional com os cabelos, utilizando elementos naturais e técnicas tradicionais, os praticantes modernos podem estabelecer conexões profundas com suas raízes ancestrais e com as forças naturais que nos cercam.

Cabelos: Portal Sagrado

A natureza mágica do cabelo natural transcende culturas e épocas, revelando-se elemento universal de poder e conexão espiritual. Das práticas ancestrais africanas às tradições contemporâneas, o

cabelo continua sendo um portal sagrado de expressão identitária e conexão divina.

As técnicas tradicionais carregam sabedoria espiritual milenar. Quando abraçamos essas práticas com consciência, transformamos o cuidado com o cabelo em ritual sagrado de autoafirmação ancestral.

O cabelo natural, em todas as suas formas e manifestações, continua sendo nossa coroa mais preciosa, um símbolo vivo de resistência, beleza e poder que nos conecta tanto com nossa herança ancestral quanto com nosso potencial espiritual presente e futuro.

Oração dos *Dreads* Sagrados

"Que estes fios sejam caminhos para o divino,
Que cada emaranhado seja união com o sagrado,
Que minha jornada espiritual se fortaleça,
A cada dia que meus dreads *crescem.*
Que eu seja canal de luz e amor,
Com esta coroa natural, símbolo de valor."

— Extraído e adaptado de "The Magical Nature of Natural Hair", de Stephanie Rose Bird, *Llewellyn's Magical Almanac*.

Magia do Lar: Proteção, Harmonia e Encantamento

A magia do lar é uma prática ancestral focada em transformar a casa num espaço confortável e produtivo, combinando decoração, equilíbrio energético e praticidade. Não se trata de algo elaborado, mas, sim, funcional, e pode incluir feitiços e rituais, embora muito de sua essência resida na própria organização do ambiente doméstico.

Origens e Fundamentos

Esta é uma das formas mais antigas de magia conhecida, com evidências arqueológicas encontradas em altares familiares, queimadores de incenso e pequenos amuletos descobertos em cantos de cômodos antigos. Os mosaicos e afrescos decorativos com imagens de deuses, heróis populares e alimentos também demonstram essa tradição milenar. Cada ambiente da casa possui associações específicas que podem ser potencializadas, conectando-nos com nossos ancestrais sempre que praticamos a magia do lar.

Saguão de Entrada e Varanda

O saguão de entrada estabelece o tom para todo o interior da casa, funcionando como uma espécie de "câmara de descompressão" entre o mundo externo e o lar. O objetivo é atrair energias positivas e repelir as negativas. Algumas tradições sugerem que uma porta vermelha atrai boa sorte, enquanto um teto azul bloqueia espíritos malignos.

É importante ancorar proteções nessa área com pedras ou estatuetas, além de considerar amuletos de moedas para prosperidade. Obras de arte, especialmente com temas naturais, tornam o espaço acolhedor e pessoal. Os umbrais das portas devem estar seguros e bem fixados, e a varrição deve ser feita intencionalmente — alguns preferem varrer para dentro a fim de não afastar a sorte, outros varrem para fora a fim de expulsar energias negativas.

Elementos práticos como cabideiros para casacos e porta-chaves facilitam a vida cotidiana, especialmente se tiverem motivos mágicos como estrelas, servindo como âncoras para as proteções do lar. Plantas domésticas criam energia vital e representam o elemento Terra (as varandas com vedação em vidro são locais ideais para coleções de plantas). Plantas protetoras como cactos ajudam a manter afastadas as influências indesejadas.

Cozinha e Sala de Jantar

Esses ambientes giram em torno da comida, desde o armazenamento até o preparo e consumo. É essencial trabalhar com o layout natural da casa, não contra ele. Cozinhas abertas permitem mais socialização, enquanto as fechadas dão um ar mais acolhedor ao ambiente.

Cores quentes e vibrantes como amarelo-dourado, cor-de-laranja e vermelho-sangue agregam energia e estimulam o apetite. O amarelo funciona bem em paredes ou armários, enquanto o laranja e o vermelho ficam melhores em eletrodomésticos ou cortinas. Essas cores representam o aspecto do fogo no cozimento, complementado por elementos terrestres como obras de arte com cornucópias ou divindades da colheita.

O armazenamento deve ser baseado na frequência de uso: itens raramente usados ficam em locais mais altos ou mais baixos, os comuns no

meio, e apenas os mais utilizados no balcão. Bancadas vazias facilitam o trabalho e mantêm a energia fluindo suavemente.

Para famílias menores, mesas redondas ou ovais são preferíveis às quadradas ou retangulares, assim como cadeiras arredondadas com almofadas confortáveis. Formas curvas favorecem o contato visual, conversação e harmonia doméstica. Mesas de madeira genuína proporcionam a influência do elemento Terra, enquanto tampos de vidro oferecem a clareza do elemento Ar. Sempre manter algo na mesa, preferencialmente comestível, como uma tigela de frutas, promove a abundância.

Sala de Estar

Por ser o local onde as pessoas passam mais tempo acordadas em casa e o mais acessível aos convidados, a sala de estar deve equilibrar relaxamento com atividades diversas. A mobília deve ser disposta para proporcionar diferentes formas de interação social.

As cores definem o ambiente: para salas grandes, azuis, verdes e marrons evocam grutas florestais aconchegantes ou praias oceânicas; para salas pequenas, cores claras como azul-celeste, verde-menta ou amarelo-solar ampliam o espaço. Plantas verdes como jade, bambu da sorte e jiboias graciosas adicionam harmonia, assim como os animais de estimação.

A sala de estar é o local mais provável para ter uma lareira, tornando-a o melhor lugar para a magia do lar propriamente dita. Acessórios de lareira com motivos pagãos como dragões ou gatos são ideais, e quando não em uso, a cornija da lareira serve como local para símbolos do elemento Fogo, como velas ou um porta-incenso.

Esse também é o local mais propício para um altar familiar, que pode consistir em uma mesa ou armário dedicado, ou simplesmente uma coleção casual de objetos significativos: fotos de família, lembranças de viagens, lembranças de casamentos, sapatinhos de bebê em bronze e outras recordações que evocam o espírito familiar.

Quarto

O quarto deve ser um refúgio pacífico da agitação da vida cotidiana, criando uma sensação de santuário. É importante evitar elementos como mesa de trabalho ou console de videogame, que podem agitar a mente. As janelas devem ter cortinas bonitas, preferencialmente espessas, que possam bloquear o ruído ou luz externa quando necessário.

Cores suaves como roxos, azuis, marrons ou cinza são ideais, pois tons quentes podem dificultar o relaxamento e o sono. Texturas são muito importantes: tapetes fofos ou edredons macios criam a sensação de conforto. Embora fibras naturais sejam frequentemente melhores, materiais modernos como microfibra ou cobertores sherpa, especialmente com designs místicos, também são válidos.

A disposição dos móveis deve promover a calma e o equilíbrio. O ideal é posicionar a cama com a cabeceira contra a parede, embora sob uma janela funcione muito bem se o exterior não for muito barulhento. Mesmo dormindo sozinho, a prática de colocar uma mesa de cabeceira de cada lado da cama promove equilíbrio por meio da simetria.

Para os solteiros, a arte solitária sólida de uma escultura de madeira ou uma tartaruga marinha é apropriada. Para quem tem um parceiro, esse é o melhor local para ícones de divindades associados ao amor, ao romance ou à sexualidade, ou gravuras mostrando pares de animais como cisnes ou cavalos-marinhos.

Banheiro e Lavanderia

Esses ambientes relacionam-se com água, limpeza e banimento. Cores pálidas como branco e cinza-claro funcionam bem, assim como roxos, azuis ou verdes aquáticos. A menos que haja muito trabalho em madeira natural, evitar cores terrenas como marrom, preto ou cinza-escuro por suas associações com sujeira.

Temas aquáticos como praia, rio, chuva, peixes ou outros elementos aquáticos reforçam a energia. Flutuadores de pesca genuínos podem ser intensamente mágicos, assim como troncos de madeira, pedras de rio e conchas. Se o ambiente recebe luz suficiente, plantas que gostam de umidade como samambaias ou plantas aéreas são as ideais.

A água é o elemento da purificação, sendo importante manter suprimentos de limpeza no banheiro. Sabonetes artesanais e esfoliantes com ervas purificadoras, como hortelã ou lavanda, são escolhas ideais. Esses ambientes também são o lugar onde nos livramos de coisas desnecessárias — resíduos líquidos de feitiços podem ser despejados no ralo ou vaso sanitário.

Para lavanderias especificamente, também é útil invocar o elemento Ar, considerando que os produtos usados ali com frequência usam palavras como "fresco" ou "brisa". Cortinas leves e vaporosas sobre janelas podem adicionar um efeito ondulante, enquanto gravuras podem mostrar lugares abertos e arejados como pradarias e montanhas.

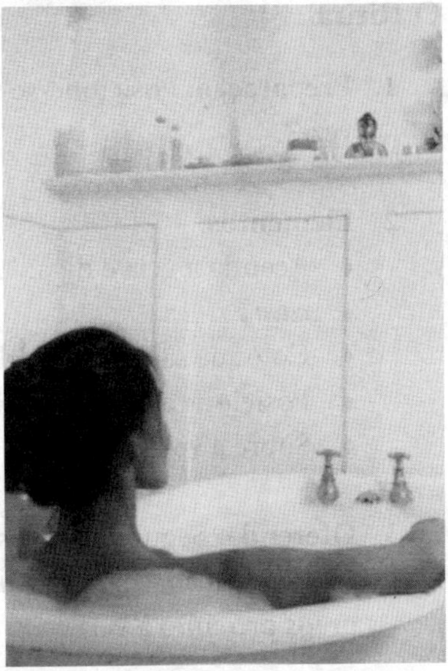

Conclusão

A magia do lar se espalha por todo o espaço, customizada para cada ambiente, sendo parte do que transforma uma casa ou apartamento em um lar verdadeiro. Ao distribuir suprimentos mágicos e adequar a decoração ao coração de cada cômodo, sempre se tem o necessário ao alcance das mãos, evitando grandes pilhas de materiais mágicos difíceis de organizar. O humor de cada ambiente adéqua-se ao seu propósito, criando equilíbrio no lar conforme nos movemos de um para outro. Não se trata de nada muito elaborado, mas funciona efetivamente.

Ritual do Fogo do Lar

Prática diária de 5 minutos para energizar e proteger o coração da casa

Materiais: 1 vela, pitada de sal, copo com água, 3 grãos de cereal

Quando: Ao acender o primeiro fogo do dia ou início da tarde

O Ritual:

1. **Preparação:** Posicione-se no coração da casa, respire fundo três vezes.

2. **Elementos:**
   - Acenda a vela e diga: "*Fogo sagrado, desperta a energia desta casa*".
   - Coloque sal ao lado e diga: "*Terra firme, traz proteção*".
   - Posicione a água e diga: "*Águas puras, renovai este lar*".
   - Sopre a vela e diga: "*Ar livre, circula paz*".

3. **Oferenda:** Segure os grãos e diga: "*Aos ancestrais do lar, ofereço gratidão. Abençoai este espaço com amor e prosperidade*". Deixe os grãos próximo à vela.

4. **Intenção:** Olhe a chama e declare:

   "*Que este lar seja um refúgio de paz, que a abundância flua por esta casa, que todos se sintam acolhidos aqui.*"

5. **Finalização:** Deixe a vela queimar alguns minutos. Ao apagar, diga: "*O fogo permanece em meu coração e neste lar*".

   Variações sazonais: primavera (flores), verão (folha verde), outono (sementes), inverno (canela).

   Frequência: Diária ou 3 vezes por semana. Após uma semana, observe maior acolhimento e harmonia doméstica.

— Extraído e adaptado de "Hearth Magic", de Elizabeth Barrette, *Llewellyn's Magical Almanac.*

Adivinhação com Cartas de Baralho: A Magia Escondida no Cotidiano

Você já parou para pensar que talvez aquele baralho comum, esquecido numa gaveta da casa da sua avó, possa ser um poderoso instrumento mágico? Pois é. Escondido entre reis, rainhas, paus e copas, vive um oráculo acessível, direto e ancestral – o baralho tradicional como instrumento de adivinhação.

Enquanto o tarô conquistou corações com suas imagens ricas e simbolismo profundo, o baralho comum permanece como uma porta mágica camuflada no ordinário. É o oráculo do povo, simples, direto, e surpreendentemente eficaz – um verdadeiro canal de sabedoria, sobretudo para quem busca uma prática espiritual enraizada na simplicidade e na intuição.

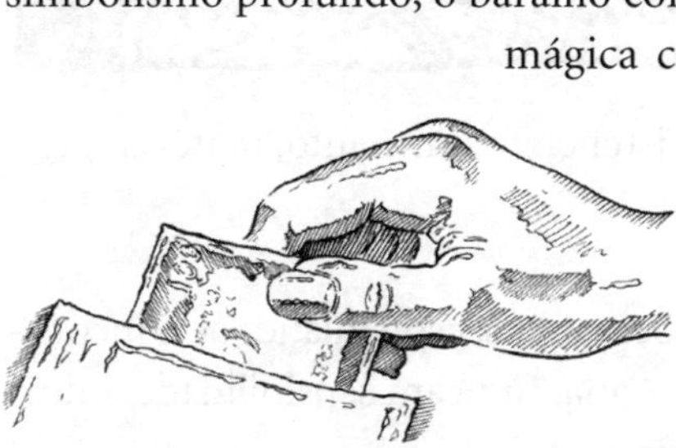

Magia Popular: o Baralho Como Instrumento de Poder

Muito antes de termos acesso facilitado a baralhos de tarô ou oráculos modernos, mulheres sábias, parteiras, benzedeiras e curandeiras usavam o que tinham às mãos: um baralho comum, desses de jogar buraco ou paciência. Com ele, liam os caminhos do amor, os perigos escondidos, os conflitos em formação. Era um oráculo direto, objetivo – como toda magia que nasce da necessidade real e da observação da vida. Hoje, resgatar essa prática é também um ato de reconexão com nossa ancestralidade. É dizer: "Eu vejo a magia no que é simples. Eu vejo o sagrado no que é comum". E isso, por si só, já é um feitiço poderoso.

Cada Naipe, um Elemento. Cada Número, um Sinal

No baralho comum, temos quatro naipes: copas, ouros, espadas e paus. Eles não são apenas símbolos de um jogo – são representações arquetípicas dos elementos da natureza e dos pilares fundamentais da vida humana. Compreender esses naipes é como abrir as quatro portas da existência: sentimento, matéria, pensamento e ação.

Copas: Relacionam-se às emoções, afetos, espiritualidade e inconsciente, conectados ao elemento Água. Indicam sensibilidade, intuição, cura emocional e entrega amorosa.

Ouros: Representam dinheiro, segurança, trabalho, saúde e conquistas materiais, ligados ao elemento Terra. Sinalizam estabilidade, paciência, legado e o resultado concreto de nossos esforços.

Espadas: Estão ligadas à mente, comunicação, decisões difíceis e conflitos, associadas ao elemento Ar. Apontam para clareza, honestidade, raciocínio e enfrentamento de tensões.

Paus: Simbolizam paixão, ação, criatividade e transformação, relacionadas ao elemento Fogo. Trazem energia, entusiasmo e impulso, mas alertam contra a impulsividade e arrogância.

O Jogo É Simples, a Sabedoria É Profunda

Um dos motivos pelos quais o baralho comum encanta é sua facilidade de acesso e simplicidade de leitura. Com três cartas, você já tem um mapa do momento presente. Se você já lê tarô ou oráculo, vai se sentir em casa. Se nunca leu nada, este é um excelente começo. Experimente usar a tiragem clássica de três cartas:

* A primeira representa o **passado**: o que trouxe você até aqui.
* A segunda mostra o **presente**: o que está se manifestando agora.
* A terceira indica o **futuro** provável: o que tende a acontecer se nada mudar.

Esse método simples pode ser usado para qualquer questão: amor, trabalho, decisões espirituais, autoconhecimento. Aos poucos, você perceberá que o baralho comum tem vozes próprias, conselhos diretos e mensagens surpreendentes.

Passado **Presente** **Futuro**

Outros usos para a tiragem de três cartas podem ser estes:

O que você tem	O que você quer	Como conseguir
Oportunidade	Desafio	Resultado
Problema	Recurso	Ação

Também sou adepto da tiragem da ferradura. É mais fácil do que parece e proporciona uma grande percepção, especialmente se a leitura estiver sendo feita para analisar uma abordagem específica de uma situação.

A carta 1 revela o que aconteceu para levar à carta 2, a carta 3 fornece um vislumbre de como essa situação é vista e a carta 4, no topo, revela o que está atrapalhando. A carta 5 analisa o que está afetando as coisas, a carta 6 aponta para o melhor plano de ação e a carta 7 revela o que pode acontecer.

Acontecimentos passados

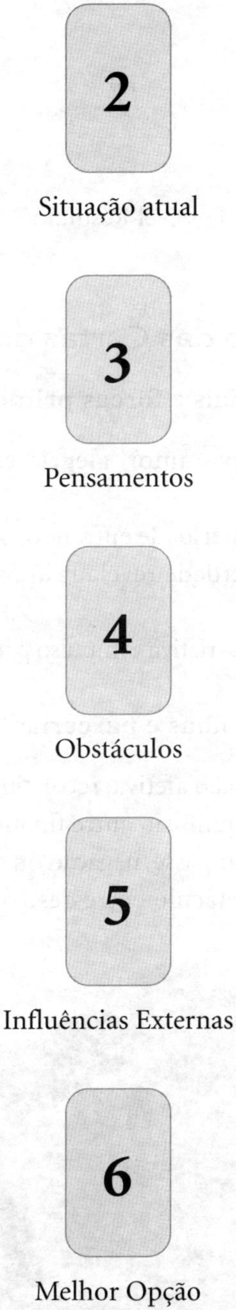
2
Situação atual
3
Pensamentos
4
Obstáculos
5
Influências Externas
6
Melhor Opção

7

Possível Resultado

Significado Mágico das Cartas do Baralho Comum

Ases – Inícios, potenciais e forças primordiais

- **Ás de Copas:** Novo amor, alegria espiritual ou renovação emocional.
- **Ás de Ouros:** Prosperidade entrando, oportunidades materiais.
- **Ás de Espadas:** Verdade revelada após dificuldades; corte necessário.
- **Ás de Paus:** Energia criativa e impulso para agir; fogo interno aceso.

Dois – Dualidade, escolhas e parcerias

- **Dois de Copas:** União afetiva, reconciliação ou pacto espiritual.
- **Dois de Ouros:** Equilíbrio entre finanças ou decisões práticas.
- **Dois de Espadas:** Impasse, negação ou escolha emocional difícil.
- **Dois de Paus:** Obstáculo entre desejo e realização; a coragem é a chave.

Três – Manifestação, crescimento e comunicação

- **Três de Copas:** Celebração, amizade e encontros felizes.
- **Três de Ouros:** Sucesso por meio de cooperação ou ajuda jurídica.
- **Três de Espadas:** Dor emocional, triângulos amorosos ou conflitos internos.
- **Três de Paus:** Propostas vantajosas e novas possibilidades à frente.

Quatro – Estabilidade, limites e estruturas

- **Quatro de Copas:** Viagem emocional, tédio ou introspecção.
- **Quatro de Ouros:** Estabilidade financeira ou apego ao material.
- **Quatro de Espadas:** Dúvidas, necessidade de pausa e clareza mental.
- **Quatro de Paus:** Ingenuidade ou fé cega; também confiança no invisível.

Cinco – Transformações, conflitos e revelações

- **Cinco de Copas:** Ciúmes, perdas ou lições do passado não curadas.
- **Cinco de Ouros:** Início modesto com potencial oculto de crescimento.
- **Cinco de Espadas:** Bênçãos disfarçadas e reviravoltas inesperadas.
- **Cinco de Paus:** Alianças estratégicas e fortalecimento mútuo.

Seis – Transições, surpresas e harmonia temporária

- **Seis de Copas:** Favores, gentilezas ou retorno de algo querido.
- **Seis de Ouros:** Desequilíbrio em relações; aprendizados em vínculos.
- **Seis de Espadas:** Melhoras lentas, recuperação ou alívio.
- **Seis de Paus:** Sucesso financeiro ou vitória em empreendimentos.

Sete – Mistério, desafios espirituais e evolução

- **Sete de Copas:** Ilusões, escolhas frágeis ou superficialidade.
- **Sete de Ouros:** Solução para disputas materiais; fim de brigas.
- **Sete de Espadas:** Conselhos enganosos ou manipulação sutil.
- **Sete de Paus:** Êxito em negócios ou novos empreendimentos.

Oito – Justiça, merecimento e mudanças

- **Oito de Copas:** Presente inesperado ou bênção surpresa.
- **Oito de Ouros:** Mudança positiva e colheita de esforços.
- **Oito de Espadas:** Tentação, confusão ou testes do destino.
- **Oito de Paus:** Inveja ou competitividade profissional.

Nove – Conclusão, intensidade e maturidade

- **Nove de Copas:** Realização de desejos ou oportunidade sonhada.
- **Nove de Ouros:** Viagem ou expansão em rumo promissor.
- **Nove de Espadas:** Infortúnio ou angústia mental; carta do pesadelo.
- **Nove de Paus:** Vitória conquistada com esforço; resistência recompensada.

Dez – Completude, encerramento e consagração

- **Dez de Copas:** Felicidade duradoura, sorte e paz afetiva.
- **Dez de Ouros:** Ganho financeiro, herança ou sucesso material.
- **Dez de Espadas:** Estresse, fim necessário ou libertação emocional.
- **Dez de Paus:** Abundância e colheita, mas com sobrecarga.

Valetes – Notícias, movimento e juventude

- **Valete de Copas:** Amizade leal ou mensagem emocional positiva.
- **Valete de Ouros:** Alerta para enganos ou falsas promessas.
- **Valete de Espadas:** Intrigas, rivalidade ou tensão mental.
- **Valete de Paus:** Um admirador secreto ou entusiasmo inesperado.

Rainhas – Sabedoria, proteção e influência feminina

- **Rainha de Copas:** Amor protetor e energia maternal espiritual.
- **Rainha de Ouros:** Cuidado com fofocas ou julgamento alheio.
- **Rainha de Espadas:** Separações, cortes ou lucidez dolorosa.
- **Rainha de Paus:** Bom conselho, inspiração e liderança gentil.

Reis – Autoridade, liderança e realização

- **Rei de Copas:** Generosidade, empatia e sabedoria emocional.
- **Rei de Ouros:** Poder material, estabilidade e comando seguro.
- **Rei de Espadas:** Ambição intelectual, estratégia e frieza.
- **Rei de Paus:** Generosidade, força criadora e liderança com paixão.

Coringa – Destino, surpresas e ruptura de padrões

- **Coringa:** Algo inesperado virá – mude a rota ou aceite o imprevisto.

Prática, Intuição e Confiança: o Tripé da Cartomancia Mágica

Ler cartas é uma arte, mas também é prática. Quanto mais você embaralha, observa, experimenta e escuta, mais vai desenvolvendo confiança na sua leitura. E essa confiança é ouro – porque a dúvida é o que bloqueia o canal. Com o tempo, você perceberá que a intuição se fortalece e se entrelaça com o símbolo. As cartas passam a "falar" com você de forma fluida. O que no início parecia confuso se torna natural. Você começa a ver o todo, não só as partes. E é aí que a cartomancia vira magia viva.

— Extraído e adaptado de "Playing Card Divination", de Charlie Rainbow Wolf, *Llewellyn's Magical Almanac.*

Conexão Ancestral *Queer*: Honrando o Passado, Curando o Presente

Obs.: Neste artigo, o termo *queer* é usado com referência a pessoas que vivem identidades sexuais e/ou de gênero fora das normas cis-heteronormativas – incluindo pessoas gays, lésbicas, bissexuais, trans, não binárias, entre outras. Aqui, *queer* também carrega um sentido espiritual e ancestral, representando uma existência fluida, resistente, mágica e enraizada em linhagens que nem sempre foram reconhecidas. O uso do termo é uma forma de honrar essa diversidade e reivindicar pertencimento dentro da espiritualidade e da prática ancestral.

Memória, Magia e Pertencimento *Queer*

Todas as linhagens ancestrais da Terra são *queer*, pois cada família e linhagem espiritual inclui pessoas *queer* e trans, embora por muito tempo eu, como muitos outros, acreditasse na narrativa da suposta "modernidade" da vida *queer* e trans. Apesar de conhecer histórias de

amantes do mesmo sexo e rebeldes de gênero ao longo da história mundial, como Aquiles e Pátroclo ou Safo, e mesmo após aprender mais sobre a história *queer* e entender que sempre estivemos presentes, eu ainda acreditava subconscientemente ser a primeira pessoa *queer* em minha linhagem.

Quando fui chamado para o trabalho com ancestrais em minha prática, um de meus maiores medos estava relacionado ao fato de ser *queer*, resistindo fortemente a esse chamado profundo por medo da rejeição de minha linhagem. No entanto, meu desejo de conhecer meus ancestrais, sentir-me conectado à terra e à história, e sentir o pulso de pertencimento em meu coração me motivou a começar de qualquer forma, pois queria meu direito de nascença.

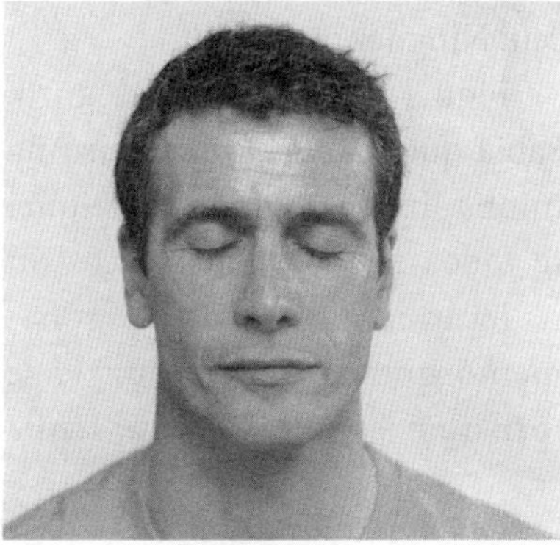

Para minha surpresa, quando chamei por meus ancestrais benevolentes e bem-intencionados, eles realmente apareceram de forma intensa, visceral, mas ao mesmo tempo doce. Um espírito que eu pensava a vida toda ser minha avó revelou ser na verdade minha tia, fato confirmado posteriormente com a família. Como uma ancestral benevolente e bem-intencionada, ela não demonstrou homofobia e nosso relacionamento se desenvolveu com base em orientação, gentileza e cuidado. June, minha tia, mudou minha vida antes

mesmo de eu saber que ela estava presente, mas quando começamos a trabalhar juntos, a verdadeira magia aconteceu.

Primeiro Encontro

Continuando minha jornada de conexão com espíritos ancestrais e vendo tanto deles em mim mesmo, quis encontrar um espírito *queer* como eu. Preparei meu altar, acendi o incenso sagrado, chamei os elementos e aliados espirituais, fiz respiração, aterramento e centralização, e viajei para meu local de encontro ancestral astral. Evoquei meus ancestrais *queer* benevolentes e bem-intencionados e esperei. Para meu espanto, nada aconteceu. Ninguém veio.

Fiquei arrasado e inseguro. Sabia que não era o primeiro na minha linhagem, mas questionei se todos eram problemáticos ou se levaram uma vida de sofrimento que os impediram de se tornarem espíritos guias. Temia que uma vida *queer* significasse apenas sofrimento e que ser trans tirasse minha possibilidade de me tornar um bom ancestral. Como minha prática ancestral havia se tornado tão gratificante, realmente queria fazer parte deles após esta vida.

Alguns dias depois, recebi uma visão em meditação. Vi um caminho rochoso descendo para um desfiladeiro, ladeado por árvores ameaçadoras, retorcidas com espinhos enormes. Fui levado pelo caminho até onde as árvores se entrelaçavam bloqueando a passagem. Quando uma mão tocou os galhos aterrorizantes, eles tremeram e se retiraram, revelando o caminho aberto.

Continuei até encontrar um grupo diverso de pessoas ao redor de uma fogueira: africanos, celtas, indígenas americanos e pessoas marginalizadas da sociedade. Todos estavam juntos naquele lugar. Trouxeram-me ao círculo, tocando-me, bagunçando meu cabelo, me abraçando, colocando a mão no meu ombro. A cada toque, eu ficava mais presente e o mundo se tornava mais vibrante.

Sentamos juntos e eles falaram sobre o valor da verdade, sobre família "escolhida" *versus* "família de sangue". Discutiram história e as mentiras que eu acreditava sobre *queerness* e transexualidade, com ênfase na história da minha própria família. Asseguraram-me que eu era perfeito em minhas multiplicidades, que minhas muitas linhagens se misturavam bem mesmo com verdades de violência e opressão.

Embora muitos ancestrais não se dessem bem e houvesse cura a fazer no mundo espiritual e físico da minha linhagem familiar, eu não era um erro. Isso foi revolucionário. Após anos me odiando em nome de minha ancestralidade, a verdade era que não era odiado pela minha própria história. Não precisava mais viver na Terra sentindo que não pertencia. Sou natural. Mostraram-me a vibração gentil, criativa e abençoada do espírito *queer*.

Após nossa conversa profunda e hilária, ficamos de pé ao redor do fogo. Demos as mãos enquanto um ancestral indígena começou uma bênção em sua língua. Todos começaram a cantarolar enquanto uma energia luminosa multicolorida percorria nosso corpo. Quando chegou a mim, comecei a chorar lágrimas de alegria e libertação conforme o acúmulo de ódio e dor finalmente começou a se soltar. Foi excruciante e extático.

Quando a bênção e limpeza terminaram, fui abraçado novamente. Todas essas pessoas, meu povo, simplesmente me amavam, até as partes que eu estava convencido de que não eram amáveis. Retornei ao meu corpo renovado e determinado.

Conectando-se com os Ancestrais

Criei o Ritual de Revitalização dos Ancestrais *Queer* como um espaço para manter vivos a conexão e o apoio mútuo com o passado. Embora tenha surgido no contexto *queer*, ele é para todos. Muitos ancestrais *queer* viveram escondidos ou foram apagados da história familiar. Alguns tiveram vidas difíceis, mas muitos têm sabedoria e amor para compartilhar. Pode ser necessário repetir o ritual várias vezes até sentir contato, e isso é normal – afinal, muitos estão desconectados há bastante tempo.

Invoque-os, ofereça dádivas, viva em honra a eles. Prepare um espaço de recepção, e eles virão. Mesmo sem saber detalhes da sua ancestralidade, você pode começar com o que tem. Ao escolher os itens ou oferendas para o altar, inspire-se na sua herança cultural. Por exemplo, se você tem raízes celtas ou indígenas, pode recorrer a tradições antigas ou à cultura local. Se tem antepassados negros, pode se conectar com práticas afro-americanas que toquem seu coração.

Comece por você. Você é a continuação física e espiritual dos seus ancestrais. Use o que o faz vibrar: músicas, comidas, interesses. Isso funciona – eu mesmo utilizei esse caminho para me conectar. Confie que, se algo não ressoar com seus ancestrais, eles lhe mostrarão isso de forma sutil. Eles não julgarão seus primeiros passos. Basta tentar com o coração aberto.

Antes de iniciar, reflita sobre:

- Qual o papel da minha identidade *queer* hoje?
- Eu me vejo representado na minha ancestralidade?
- Que dons e desafios herdei – e como me sinto sobre isso?

Ritual de Revitalização dos Ancestrais *Queer*

Comece purificando a si mesmo e o ambiente. Monte seu altar, acenda uma vela e queime incenso, se desejar. Caso costume traçar um círculo mágico ou invocar os elementos, faça isso agora. Respire fundo, centre-se e comece a andar em círculo no sentido horário, repetindo três vezes o encantamento a seguir:

> *"Eu, [seu nome escolhido], da linhagem [seus sobrenomes], crio este espaço de amor, proteção e conexão. Com humildade e gratidão, invoco os espíritos ancestrais* queer *bem-intencionados. Estejam comigo neste momento. Ancestrais* queer *e trans benevolentes, aceitem estas oferendas e fortaleçam-se, como me fortalecem. Aproximem-se, estejam aqui, sejam reconhecidos."*

Após as três repetições, fique em silêncio. Se tiver uma oferenda performática (música, poesia, dança), apresente-a agora. Permaneça atento e receptivo – sente-se ou fique em pé, como for mais confortável. Anote quaisquer sensações, mensagens ou imagens que receber. Para encerrar, caminhe três vezes em sentido anti-horário e diga:

> *"Espíritos aqui presentes, agradeço por vossa presença. Com amor e respeito, agora os libero. Obrigado."*

Esse ritual pode ser repetido sempre que você quiser. Nem sempre haverá respostas imediatas, mas com prática e escuta atenta – do corpo, da intuição e da vida cotidiana –, as conexões se revelam. Que sua jornada com os ancestrais *queer* seja profunda e verdadeira. Bruxas e bruxos *queer*: vocês são vistos, amados e guiados.

— Extraído e adaptado de "Queer Ancestral Connection", de Kir Beaux, *Llewellyn's Magical Almanac.*

Magia em Todas as Estações: a Arte de Celebrar o Sagrado em Todos os Climas

Você já se pegou planejando um ritual ao ar livre e desistiu ao menor sinal de garoa? Se sim, você não está sozinho. Muitos praticantes de espiritualidade natural e caminhos pagãos acabam voltando para dentro de casa diante do "tempo ruim". Mas e se disséssemos que não existe tempo ruim – apenas roupas inadequadas?

Este artigo convida você a ir além da idealização da natureza e a realmente vivenciar o sagrado em todos os climas. Praticar magia de verdade é se abrir para o que a Terra oferece – seja sob um céu azul ou envolto em neblina, seja no calor tropical ou em noites frias. A proposta aqui é clara: vamos preparar nosso corpo, mente e altar para a espiritualidade nas quatro estações.

Espiritualidade com os Pés no Chão (e na Lama, se Preciso)

Praticar uma espiritualidade viva, pulsante e verdadeira exige que estejamos dispostos a sair do mental e pisar o chão da realidade com consciência. Para quem segue caminhos mágicos ligados à Terra, não basta apenas falar de conexão com os elementos – é preciso senti-los na pele: o frio que arrepia, o calor que pulsa no corpo, o cheiro da terra molhada, o som do vento entre as árvores. É preciso se entregar ao ciclo natural, mesmo quando ele é desconfortável.

Esse "desconforto" – seja uma garoa persistente, o barro nos pés, o sol forte no rosto – não é um obstáculo, mas, sim, um convite à presença plena. Quando aceitamos o clima como parte do ritual, e não como um inimigo a ser vencido, algo muda dentro de nós. Passamos a ver o tempo atmosférico como um coparticipante da magia, e não como um fator externo a ser tolerado.

E sim, para isso precisamos estar preparados. Ter uma capa de chuva que permita dançar sob o céu cinzento. Um chapéu largo que proteja nos dias de sol escaldante. Botas resistentes para enfrentar o terreno molhado com firmeza. Esse preparo não é luxo – é parte do compromisso com a própria prática. É o que nos permite estar inteiros na experiência mágica, sem distrações ou desconfortos que nos afastem da intenção.

Você pode montar seu "arsenal mágico de sobrevivência climática" aos poucos, observando o que funciona para você em cada estação. Uma mochila com itens básicos, pronta para ser levada ao menor chamado da natureza, é um verdadeiro tesouro para quem quer celebrar a Roda do Ano com o corpo inteiro, e não apenas com o pensamento.

Essa espiritualidade de chão batido, de pés firmes e olhos atentos nos lembra que a magia não está só no que fazemos – mas em como sentimos o mundo à nossa volta.

Crie um Diário Mágico de Locais Rituais

Uma prática transformadora é montar seu próprio "diário de bordo mágico", no qual você pode registrar os locais que visita, o clima, o terreno, as roupas ideais, e até a energia espiritual daquele espaço. Isso permite um relacionamento profundo com os elementos do lugar, seus encantos e desafios.

Esse diário pode ser simples: uma página para cada lugar que você deseja explorar com fins espirituais. Nele, você anotará tudo – da acessibilidade até se o local é ideal para rituais com grupo ou sozinho, se o sol incide diretamente ou há sombra. Esse cuidado cria intimidade com a Terra, reforça sua conexão com os espíritos do lugar e torna sua prática mais consistente, profunda e conectada.

Com o tempo, esse diário se torna uma espécie de grimório geográfico, repleto de sabedoria prática e intuitiva. Você vai descobrir que certos lugares "pedem" por determinados tipos de magia: um campo aberto pode ser excelente para feitiços solares, enquanto uma mata úmida e silenciosa favorece rituais de introspecção ou comunicação com ancestrais. Ao registrar suas percepções e experiências, você começa a reconhecer a linguagem espiritual única

de cada espaço natural, e isso fortalece sua escuta mágica e sua relação com o invisível.

Seu Quintal Também É Sagrado

Você não precisa de Stonehenge ou Machu Picchu para encontrar magia. A natureza à sua volta – um parque urbano, um rio, uma colina no bairro – também tem poder. O segredo é visitar esse local em cada estação, com diferentes tipos de clima. Assim, você passa a conhecê-lo de verdade: seus humores, seus sons, seus sinais. E ele também passa a conhecer você. Leve uma oferenda simples, biodegradável, um caderno e o coração aberto. Com o tempo, esse espaço se tornará um verdadeiro altar vivo, onde você e a natureza criam uma linguagem própria.

Mesmo o pequeno jardim da sua casa, a varanda com vasos de ervas ou a árvore da calçada podem ser portais de conexão profunda. A Terra fala conosco por meio do que está ao nosso redor – e o sagrado se revela onde há presença, atenção e reverência. Ao cuidar de um espaço, por menor que seja, você transforma aquele solo em território mágico. Ali podem nascer rituais matinais, bênçãos para a semana, feitiços simples feitos ao luar ou conversas silenciosas com os espíritos do lugar. Não é o tamanho do espaço que importa, mas a qualidade da sua presença nele.

Entre a Tempestade e o Caldeirão: Celebrar Dentro de Casa Também É Magia

Apesar do incentivo à prática ao ar livre, é importante usar o bom senso. Não coloque sua saúde em risco. Em dias de frio extremo, temporais, calor escaldante, adapte o ritual. Você pode, por exemplo, fazer uma breve saudação à natureza ao ar livre e completar a celebração em

casa, como num sabá em que membros de um coven fazem uma dança na chuva por alguns minutos e depois partilham uma refeição sob um teto seguro. Celebrar é mais importante do que "seguir a regra".

A espiritualidade verdadeira é flexível, intuitiva e compassiva. Não se trata de cumprir protocolos rígidos, mas de honrar o sagrado com presença e intenção. Se naquele dia seu corpo pede abrigo e quietude, transforme sua casa em templo, acenda velas, invoque os elementos pela janela, crie uma atmosfera que reverbere com o clima lá fora. Um trovão pode ser respondido com uma batida de tambor; uma chuva forte, com um banho ritual; o calor intenso, com uma oferenda de água fresca aos espíritos da terra. A magia continua viva – porque ela nasce da sua conexão com o momento presente, e não da localização do ritual.

A Magia Mora na Preparação

Tenha sempre uma lista pronta com seus itens essenciais para cada tipo de clima. Guarde seu diário de bordo, lanterna, chapéu, repelente, uma vela protegida do vento... Aos poucos, seu ritual deixa de depender do clima e passa a dançar com ele. A chuva não atrapalha a magia – ela faz parte dela.

A preparação não é apenas logística; ela também é espiritual. Quando você cuida dos detalhes com intenção – escolhendo as roupas certas, montando sua mochila com carinho, observando a previsão do tempo, preparando uma oferenda específica para a estação – você já está fazendo magia.

A energia que você coloca nesse preparo reverbera no ritual, criando uma atmosfera de respeito, foco e abertura para o sagrado.

Além disso, a preparação te ensina sobre ritmo, sobre tempo, sobre presença. Ela te convida a viver em compasso com a natureza e com o corpo, a respeitar os ciclos e a sair do improviso constante. Praticar magia com preparo é uma forma de honrar não só os deuses e os elementos, mas também a si mesmo como sacerdote ou sacerdotisa do seu próprio caminho.

Para os Praticantes Brasileiros

O Brasil é um país de dimensões continentais e uma diversidade natural exuberante: florestas tropicais, caatingas secas, campos abertos, cachoeiras escondidas, mares intensos, serras cobertas por névoa. Cada região carrega uma energia própria – uma assinatura espiritual que pode ser sentida por quem pratica com sensibilidade e respeito. Ao escolher honrar a natureza em sua forma mais viva e presente, você se sintoniza não só com os elementos, mas com a alma do lugar onde vive.

Nosso calendário tropical não segue exatamente o ritmo das estações europeias. Aqui, muitas vezes é preciso adaptar a Roda do Ano, as datas dos sabás e os símbolos sazonais às realidades do nosso clima e ecossistema. O outono pode chegar com chuvas em algumas regiões e com secas em outras. O inverno pode ser suave e florido num estado e rigoroso em outro. Isso não é um problema – é uma oportunidade de "reencantar" o tempo, de criar uma prática espiritual que brota do chão brasileiro, enraizada na paisagem que você conhece com os próprios pés.

Valorize os biomas ao seu redor: o cheiro da terra vermelha, o som das cigarras no verão, a brisa fresca que anuncia a madrugada. Cada fenômeno natural é uma mensagem. E cada mensagem pode ser respondida com um gesto mágico – mesmo que simples. Porque o sagrado não está nas fórmulas fixas, mas na forma como você olha, escuta e se oferece em troca.

Consagração dos Elementos do Clima

Este feitiço pode ser feito em qualquer estação, e tem como intenção harmonizar você com o clima, consagrando os elementos que ele traz para fortalecer sua prática e despertar sua presença.

Você vai precisar de um copo com água pura (representa a receptividade e adaptação); um punhado de terra ou areia (representa a estabilidade); uma vela (representa a luz que guia, mesmo nas tempestades); um incenso ou um sino (representa o Ar e a vibração que conecta)

Ritual

Vá até um espaço aberto, se possível, ou posicione-se próximo a uma janela aberta. Observe o clima: está chovendo, ventando, quente, abafado, frio? Sinta esse clima no corpo sem julgar – apenas acolha. Acenda a vela com gratidão, dizendo: "*Que esta chama me traga clareza para ver o sagrado em toda estação*". Toque o sino ou acenda o incenso, dizendo: "*Que este ar me ensine a ouvir os sinais do dia de hoje*". Segure o copo com água e diga: "*Que esta água me ajude a fluir com leveza, mesmo sob nuvens ou tempestades*". Pegue a terra ou areia e diga: "*Que esta terra firme me sustente enquanto caminho, faça chuva ou sol*". Feche os olhos, inspire o momento presente e diga: "*Eu entro em sintonia com o tempo e com a Terra. Que minha magia floresça em qualquer clima*".

— Extraído e adaptado de "All-Weather Spirituality", de Blake Octavian Blair, *Llewellyn's Magical Almanac.*

Mergulho Profundo na Adivinhação com Decanatos Usando o Tarô

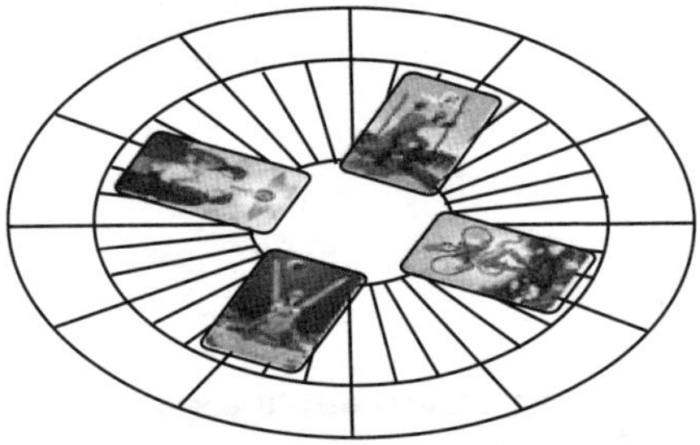

A Astrologia e o Tarô são duas linguagens arquetípicas milenares, amplamente utilizadas para fins divinatórios. Enquanto a Astrologia segue ritmos cíclicos e o Tarô se revela por meio da aparente aleatoriedade, esses sistemas simbólicos dialogam com surpreendente harmonia. Este artigo convida você a mergulhar nessa conexão, com foco especial no sincretismo entre os decanatos do zodíaco e os arcanos menores do Tarô. Ao explorar esse elo, você poderá compreender as origens sagradas dos decanatos, enriquecer a narrativa das leituras e usar essa ponte simbólica para alinhar o tempo astrológico às mensagens do Tarô.

Decanatos: os Roteiros Ocultos do Zodíaco

Ao olharmos o céu como um livro sagrado, percebemos que cada signo do zodíaco não é uma entidade única, mas um arquétipo tripartido. Cada um dos doze signos é dividido em três partes de 10 graus – os decanatos –, formando 36 fragmentos simbólicos que ampliam o poder narrativo e mágico da Astrologia.

Os decanatos surgem no Egito Antigo, associados às estrelas que marcavam o tempo noturno e às divindades que as governavam. Mais tarde, esse conhecimento se fundiu à divisão babilônica dos doze signos e à rotação diurna egípcia. Com a expansão helenística, esse sistema foi consolidado, originando a estrutura que conhecemos hoje: três decanatos para cada signo, cada qual com sua própria atmosfera energética, narrativa simbólica e regência planetária.

Cada decanato representa uma nuance dentro de um signo – uma modulação arquetípica. Assim, um planeta posicionado no primeiro decanato de Leão tem uma expressão distinta daquele posicionado no terceiro. Para o praticante de magia, os decanatos são rostos simbólicos do zodíaco, por isso também chamados de *faces*. Cada face possui seu próprio temperamento e pode ser acessada por meio de práticas mágicas, como criação de talismãs, consagrações e visualizações.

Essas faces não são apenas simbólicas – são vivas. Conforme descrito no *Picatrix*, grimório clássico de magia astrológica, é possível criar talismãs específicos para cada decanato e trabalhar suas forças para objetivos concretos: proteção, sabedoria, prosperidade, cura e muito mais. Assim, o trabalho com decanatos se torna uma ponte entre a Astrologia técnica e a magia prática.

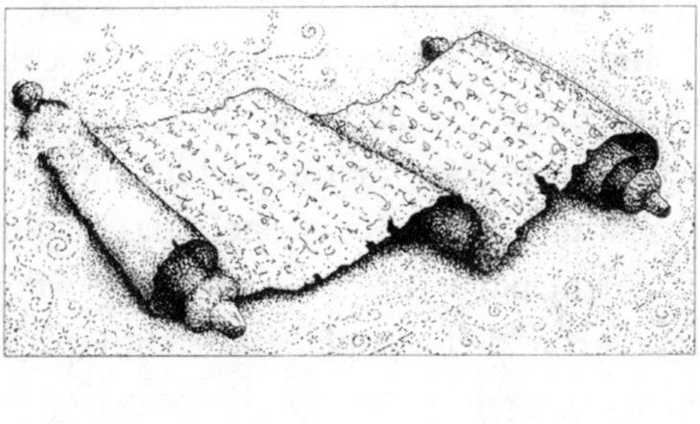

Na tradição astrológica, dois sistemas principais são utilizados para atribuir regências planetárias aos decanatos: o sistema caldeu e o sistema de triplicidade.

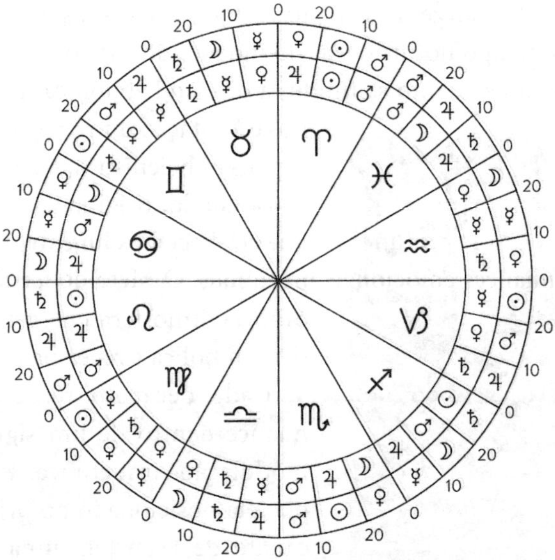

Círculo Interno: sistema de triplicidade Círculo Externo: sistema caldeu

O sistema caldeu distribui os planetas conforme a ordem tradicional de velocidade (do mais lento ao mais rápido: Saturno, Júpiter, Marte, Sol, Vênus, Mercúrio, Lua), reiniciando o ciclo após cada sete decanatos. Já o sistema de triplicidade, de origem védica, associa o primeiro decanato ao planeta regente do signo, o segundo ao regente do próximo signo do mesmo elemento, e o terceiro ao regente seguinte dentro da sequência do elemento.

Independentemente do sistema escolhido, os decanatos aprofundam a leitura do mapa astral. Eles influenciam o modo como um planeta se expressa e, para o praticante de magia, revelam qualidades ocultas que podem ser despertadas ou alinhadas ritualmente.

É dentro dos decanatos que surge o conceito de dignidade por face: uma forma de força planetária sutil que revela talentos únicos – dons

que nem sempre aparecem com destaque, mas que atuam com maestria em contextos específicos. Um planeta em seu próprio decanato manifesta habilidades inatas, mesmo se estiver em um signo pouco favorável à sua natureza essencial.

Na prática mágica e astrológica, observar o decanato do Ascendente pode indicar a impressão energética que a pessoa transmite ao mundo. O decanato do Sol aprofunda o propósito vital e o brilho pessoal; o da Lua revela nuances emocionais profundas. O Meio do Céu, analisado por decanato, ilumina vocações e temas ligados à realização no mundo.

Para o praticante de magia, os decanatos são como janelas mágicas entre as engrenagens do zodíaco. Em vez de doze arquétipos fixos, surgem 36 narrativas vivas, cada uma com sua própria regência e tempo de ação. Trabalhar com essas faces é sintonizar-se com os ritmos profundos da Astrologia e as potências astrais que dançam por trás dos véus do céu visível.

Os Decanatos no Tarô: a Jornada Elemental dos Arcanos Menores

A beleza do tarô está em sua capacidade de contar histórias. Cada carta é um fragmento simbólico que revela uma etapa de uma jornada – pessoal, espiritual, coletiva. Ao integrar os decanatos à leitura dos Arcanos Menores, o praticante de magia descobre caminhos ocultos que conectam o tarô diretamente ao ritmo profundo da Astrologia.

Esse elo se fortaleceu com a tradição da Aurora Dourada, ordem ocultista do início do século XX que unificou saberes mágicos, esotéricos e astrológicos. Foi ela que sistematizou a correspondência entre os decanatos e as cartas numeradas do tarô. Assim, os Arcanos Menores deixam de ser apenas uma sequência por número e naipe, e passam a representar segmentos astrais específicos, com qualidades zodiacais e planetárias precisas.

Cada naipe do tarô está associado a um elemento – Fogo, Terra, Ar e Água – e cada elemento reflete uma lição arquetípica. No livro *36 Secrets*, T. Susan Chang relaciona essas jornadas a Arcanos Maiores específicos, apontando os temas centrais que cada naipe carrega:

Naipe	Elemento	Arcano Maior	Palavras-chave temáticas
Paus	Fogo	O Julgamento	Jornada do herói, criação de lendas, autossuperação
Ouros	Terra	O Mundo	Luta pela concretização, permanência, sustento
Espadas	Ar	O Louco	Cultivo do saber, busca da sabedoria, desenvolvimento intelectual
Copas	Água	O Enforcado	Liberação, sacrifício consciente, liberdade e plenitude emocional

Cada número, dentro de seu naipe, marca uma etapa dessa jornada. Mas com os decanatos, essa progressão ganha ainda mais profundidade: três cartas numeradas representam os três decanatos de cada signo, refletindo a energia astrológica daquele segmento do zodíaco. Por exemplo, o Três de Espadas não é apenas dor ou ruptura: ele representa a

segunda face de Libra, regida por Saturno – um corte necessário em nome da estrutura ou da justiça.

Outro fator essencial para compreender essa dinâmica é a modalidade dos signos: cardinal, fixa e mutável. Elas indicam como o signo se move e se expressa dentro de seu elemento. A aplicação desse princípio ao tarô revela um padrão fascinante:

* Dois, Três e Quatro de cada naipe → correspondem a signos cardinais (início do ciclo).
* Cinco, Seis e Sete → signos fixos (meio, sustentação).
* Oito, Nove e Dez → signos mutáveis (encerramento, transição).

Os Ases, por sua vez, representam o potencial bruto de cada elemento – a semente arquetípica que começará a tomar forma a partir do Dois.

Essa estrutura permite ao praticante de magia enxergar o tarô como uma mandala em movimento, na qual cada carta não só conta uma história, mas pulsa com a energia de uma estação celeste específica. Ao reconhecer o decanato por trás da carta, a leitura ganha precisão temporal

e simbólica. Você deixa de tirar apenas "uma carta de Água" ou "de Fogo", e passa a conversar com Vênus no segundo decanato de Escorpião, ou com Mercúrio no primeiro decanato de Virgem, por exemplo.

A ilustração a seguir mostra a roda do zodíaco, a modalidade, o elemento e as cartas correspondentes aos decanatos:

Com o conhecimento dos decanatos, a prática do tarô se eleva: a adivinhação se transforma em sincronização com o céu, e a narrativa simbólica em encantamento consciente. O tarô passa a ser não só espelho da alma, mas também relógio cósmico, ritual vivo e roteiro mágico alinhado às engrenagens ocultas do zodíaco.

— Extraído e adaptado de "A Deep Dive into Divination with Decans Using Tarot", de Mo of Austral-Taur, *Llewellyn's Magical Almanac*.

Feitiço da Lua Nova

Material

✓ Vela preta
✓ Diário ou folha de papel e caneta
✓ Prato refratário

A manifestação é uma prática que requer compromisso e meditação. A lua nova, que chega a cada mês, é uma ótima oportunidade de revisitar o que buscamos e por quê. Se você gosta de Astrologia, saiba que cada lua nova tem um tema que pode orientar suas reflexões.

1. Consulte um calendário lunar se você pretende sintonizar suas manifestações com a Lua.
2. Consagre sua vela e outros materiais ao seu altar.
3. Com sua caneta e papel nas mãos, reflita sobre o que você deseja manifestar. Seja o mais específica possível, descrevendo todos os detalhes do que você deseja e como isso pode entrar em sua vida.
4. Acenda a vela e imagine como será receber sua manifestação em sua vida. Como vai se sentir?
5. Enrolando ou dobrando o papel, queime cuidadosamente uma ponta dele e coloque-o no prato refratário para que ele continue a queimar. Deixe que o papel queime até virar cinzas, reacendendo-o quando necessário.

— Extraído de *O Guia Completo de Autocuidado para Bruxas*, Theodosia Corinth, Ed. Pensamento.

Os Quatro Pilares do Poder: Desperte seu Mago Interior

Diante do altar cósmico, o Mago, guardião dos mistérios da manifestação, convoca as forças do universo. Ele ergue sua varinha, unindo céu e terra, canalizando a energia divina para transformar vontade em realidade. Sobre sua mesa sagrada, repousam os quatro elementos do poder: pentáculo, espada, varinha e cálice – instrumentos essenciais para o verdadeiro magista. O segredo? Você já carrega essas ferramentas dentro de si, pulsando em sua essência, esperando serem despertadas e harmonizadas. Desperte o Mago que existe em você e torne-se o operador dos seus próprios milagres.

A Alquimia Junguiana dos Elementos

O ritual a seguir combina os instrumentos do Mago com a psicologia de Carl Gustav Jung, o explorador dos abismos da mente humana, para amplificar seus poderes criativos inatos:

O Pentáculo da Sensação – A Ancoragem no Físico

Elemento Terra | Direção Norte | Cor Verde

Sua conexão visceral com o mundo material. É através dessa lente que você toca, cheira, saboreia e vê o tecido da realidade. O pentáculo sussurra: *Eu existo, logo manifesto.* Esta é a função que transforma suas visões em matéria, seus sonhos em substância tangível.

Sinais de desenvolvimento: Você confia em seus instintos corporais, valoriza experiências sensoriais ricas e possui uma presença magnética que outros podem sentir fisicamente.

A Espada do Pensamento – O Ceifador de Ilusões

Elemento Ar | Direção Leste | Cor Amarela

A lâmina afiada que corta através do véu das aparências para revelar a verdade subjacente. Esta é sua capacidade de discernir, analisar e criar ordem a partir do caos. A espada declara: *"Eu penso, logo discrimino".*

Sinais de desenvolvimento: Suas palavras carregam poder de transformação, você enxerga padrões onde outros veem confusão, e sua lógica serve como ponte entre mundos.

O Cálice do Sentimento – O Receptáculo Sagrado

Elemento Água | Direção Oeste | Cor Azul

O vaso alquímico onde as emoções se transmutam em sabedoria. Não confunda com mera emotividade – este é o instrumento da avaliação profunda, da conexão empática e da ressonância com os ritmos invisíveis da existência. O cálice murmura: *"Eu sinto, logo avalio"*.

Sinais de desenvolvimento: Você navega as correntes emocionais com maestria, suas intuições sobre pessoas são certeiras, e você serve como curandeiro natural para os outros.

A Varinha da Intuição – O Bastão do Visionário

Elemento Fogo | Direção Sul | Cor Vermelha

O condutor das energias criativas primordiais, o instrumento que percebe o que ainda não nasceu, mas já pulsa no ventre do possível. A varinha proclama: *"Eu intuo, logo projeto"*. É a função profética, a que enxerga futuros potenciais e os puxa para a realidade presente.

Sinais de desenvolvimento: Você "sabe" coisas sem saber como, suas premonições se confirmam regularmente, e você é naturalmente inovador e visionário.

O Perigo da Especialização Unilateral

O Maior Obstáculo no Caminho Mágico

O desafio mais comum para o magista é a "tirania do instrumento favorito": o hábito de fortalecer apenas uma ou duas habilidades interiores, deixando as outras adormecidas no inconsciente. Como um guerreiro que domina só a espada, mas despreza o escudo e o arco, o praticante fica vulnerável diante de situações que exigem equilíbrio. Por exemplo, um mago muito racional pode se perder diante de emoções intensas, tornando um poder que deveria ser seu aliado numa força perigosa. Esse desequilíbrio não é só mental, mas energético, limitando rituais e manifestações a uma fração do seu verdadeiro poder. Para evoluir, é preciso despertar e integrar todas as facetas do seu ser mágico.

O Caminho da Integração Mágica

O verdadeiro Mago não busca dominar apenas uma função, mas orquestrar uma sinfonia de poderes. Mesmo que você nunca atinja maestria absoluta em todos os quatro instrumentos, cada desenvolvimento multiplica sua capacidade de manifestação.

Práticas para Despertar os Instrumentos Adormecidos:

Para desenvolver o Pentáculo (Sensação): Pratique meditação sensorial consciente; trabalhe com cristais, ervas e elementos físicos; desenvolva rituais que envolvam todos os cinco sentidos; aprenda técnicas de ancoragem energética.

Para afiar a Espada (Pensamento): Estude correspondências mágicas e simbolismo; pratique visualização estruturada; desenvolva habilidades de banimento e proteção; mantenha um diário mágico detalhado.

Para consagrar o Cálice (Sentimento): Explore trabalho com divindades e arquétipos; pratique empatia mágica e leitura energética; desenvolva rituais de cura emocional; trabalhe com a magia lunar e dos ciclos.

Para ativar a Varinha (Intuição): Pratique divinação regularmente; trabalhe com sonhos proféticos; desenvolva sua visão astral; experimente magia caótica e criativa.

O Ritual do Mago Completo

Lembre-se: O objetivo não é tornar-se perfeito em tudo, mas funcional em tudo. Um pequeno desenvolvimento em sua função menos favorita pode desbloquear portais de poder que permaneceram fechados por anos.

O Mago verdadeiro mantém os quatro instrumentos sempre à mão, alternando entre eles conforme a situação exige. Às vezes você precisará da precisão cirúrgica da espada, outras vezes da receptividade fluida do cálice. Algumas manifestações demandam o fogo inspirador da varinha, enquanto outras requerem a solidez terrena do pentáculo. Sua magia floresce na integração, não na especialização.

"Como é em cima, é embaixo; como é dentro, é fora. Quando os quatro instrumentos dançam em harmonia dentro de você, o universo não tem escolha senão espelhar essa completude em sua realidade externa."

Ritual: o Despertar dos Quatro Instrumentos Sagrados

Materiais

- ✓ Seus materiais preferidos para colorir (lápis, tinta, marcadores)
- ✓ Mandala dos quatro instrumentos
- ✓ Intenção clara para sua manifestação

Preparação: o Canal Divino

Respire fundo três vezes, enraizando-se na energia da Mãe Terra. Assuma a postura sagrada do Mago: uma mão apontando para o céu, a outra para a terra. Sinta a luz divina descendo por você, preenchendo seu ser com potencial puro, pronto para transformar o etéreo em real.

A Dança das Cores

- ✶ *Espada*: Escolha uma cor que aguce a mente – dourado ou azul. Visualize sua clareza cortando ilusões.
- ✶ *Cálice*: Pinte com a cor do coração – azul profundo, rosa ou violeta. Ative sua sensibilidade emocional.
- ✶ *Varinha*: Use cores vibrantes como vermelho, laranja ou dourado para acender sua intuição e criatividade.
- ✶ *Pentáculo*: Finalize com verde, marrom ou preto, ancorando sua energia na Terra, onde seus sonhos ganham forma.

Círculo Sagrado

Una os instrumentos colorindo a borda circular, visualizando um caldeirão mágico no centro onde seus desejos se manifestarão.

Fechamento

Coloque as mãos no chão, respire profundamente e libere qualquer excesso de energia. Você acaba de criar uma ferramenta sagrada de poder.

Ative sua Mandala de Manifestação

Programe seus Desejos

Seu círculo central agora é um portal ativo. Coloque dentro dele:

- **Palavras de poder** escritas à mão (diretamente na página)
- **Fotografias** do que deseja atrair
- **Desenhos** que reflitam seus sonhos
- **Pequenos objetos** que simbolizem suas intenções

Sintonize-se com o Cosmos

Uma vez ativada sua mandala, permaneça receptivo aos sussurros do universo:

- Sincronicidades que saltam aos seus olhos
- Sonhos carregados de simbolismo

* Frases que parecem escritas especialmente para você
* Encontros "casuais" que abrem portas inesperadas

Essas são as pistas cósmicas indicando quais dos quatro instrumentos você deve empunhar para manifestar seus objetivos.

O Segredo das Cores Pessoais

Magia avançada: Use roupas, joias ou acessórios nas cores que você escolheu para cada instrumento. Precisa de mais clareza mental? Vista-se com a cor de sua espada. Buscando conexão emocional? Adorne-se com a tonalidade de seu cálice. É como carregar seus instrumentos mágicos aonde quer que vá!

— Extraído e adaptado de "Activating the Magician's Manifestation Tools", de Melissa Tipton, *Llewellyn's Magical Almanac.*

Lembre-se: Você não está apenas colorindo um desenho, está infundindo vida em símbolos ancestrais de poder, criando uma extensão física de sua vontade mágica. Trate esse processo com a reverência que ele merece, e os resultados o surpreenderão.

Que a magia flua através de suas mãos e se manifeste em sua realidade!